CYNGHANEDD I BLANT

MERERID HOPWOOD

Darluniau gan Siôn Tomos Owen

beirdd bach
UWCH BEIRDD Y BYD

ⓑ Mererid Hopwood / Cyhoeddiadau Barddas ©
ⓑ Darluniau: Siôn Tomos Owen ©

Argraffiad cyntaf: 2010

Argraffiad newydd: 2022

ISBN: 9781911584490

Cyhoeddwyd gan Gyhoeddiadau Barddas
www.barddas.cymru

Mae'r cyhoeddwr yn cydnabod
cefnogaeth ariannol Cyngor Llyfrau Cymru

Argraffwyd gan Wasg Gomer

Y darluniau a'r darlun clawr: Siôn Tomos Owen
Y dyluniad: Dylunio GraffEG

CYNNWYS

RHAGAIR

Lluniwyd y gyfrol hon yn wreiddiol yn 2010 mewn ymateb i'r galw am lyfr sy'n cyflwyno hanfodion y gynghanedd i ddarllenwyr ifanc. Y dylunydd oedd Dafydd Llwyd, arlunydd y ddraig oedd Hywel Jones a chafwyd cydweithio hwylus gan GCaD Cymru NGFL.

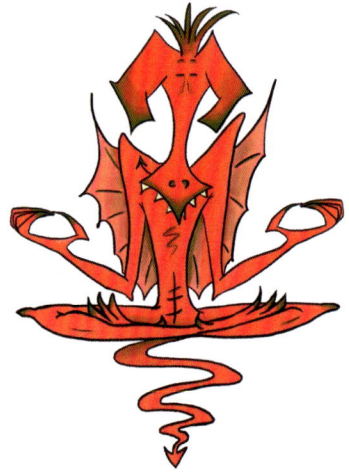

Mae'r gyfrol wedi bod allan o brint ers blynyddoedd bellach, a galw am argraffiad newydd wedi dod gan blant ... ac oedolion! A dyma ddyluniad newydd sbon gan Dylunio GraffEG a'r arlunydd Siôn Tomos Owen.

Yn y fersiwn newydd hon, mae'r syniad gwreiddiol yn aros, sef bod draig fach yn ceisio dysgu cynganeddu. Weithiau mae hi bron ag anobeithio ac yn meddwl yn siŵr bod ei hathro yn dechrau drysu. Ond mae hi'n dyfalbarhau ac yn dod i wybod tipyn am grefft y gynghanedd cyn gorffen y gyfrol.

Gobeithio felly y byddwch chi, ddarllenwyr newydd, fel y ddraig, yn dal ati hyd y diwedd, yn rhoi cynnig ar yr holl ymarferion ac yn cael hwyl arni!

Mwynhewch y miwsig ...

Mererid Hopwood

CYNGHANEDD

_ MIWSIG

Miwsig mewn geiriau – dyna yw **cynghanedd**.

ynys Afallon ei hun sy' felly

T. Gwynn Jones

Fel y mae rhai nodau'n swnio'n hyfryd gyda'i gilydd, felly hefyd mae rhai geiriau yn creu sŵn arbennig i'r glust wrth eu rhoi yn yr un llinell.

pa eisiau dim hapusach?

Waldo Williams

Cofia bob amser mai rhywbeth i'r glust yw cynghanedd, ac felly paid â phoeni os wyt ti'n gwneud ffŵl ohonot ti dy hun yn cerdded o amgylch yn llefaru'r llinellau'n uchel – dyna'r unig ffordd i'w clywed nhw'n iawn!

Mmm ... dwi ddim yn siŵr o hyn ...

Rhywbeth gwyrdd yw cabetjen

> O ddifri?! *Rhywbeth gwyrdd yw cabetjen ...* Ydy hyn yn syniad da?!

Sur felys yw'r afalau

> ... o leiaf mae hon yn swnio'n well!

Gwych! Paid â phoeni beth maen nhw'n ei feddwl am y tro. Canolbwyntia ar y sain.

Pa un ohonyn nhw sy'n swnio orau i ti? Pa un sydd wedi creu rhyw fath o gerddoriaeth yn dy ben?

> Yr ail?

Yn hollol! Byddai'r rhan fwyaf yn dweud mai'r llinell 'sur felys yw'r afalau' sy'n swnio orau, a dyma'r llinell sy'n cynnwys **cynghanedd**.

Byddwn ni'n gweld yn nes ymlaen beth yn union sy'n gwneud **cynghanedd**, ond am y tro, bydd yn ddigon i ni edrych ar y patrwm sydd yn y llinell,

'sur felys yw'r afalau'.

Wyt ti'n sylwi ar y patrwm arbennig sydd yn y geiriau yma?

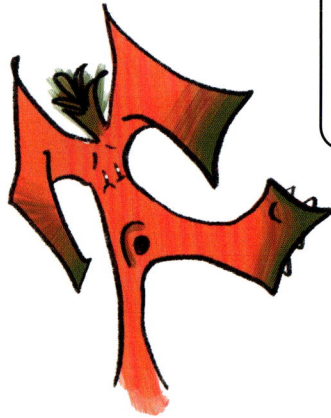

Mae 's, 'r', 'f' ac 'l' yn dod ddwywaith! Anhygoel!

Y patrwm yma sy'n creu'r miwsig, a dyma ti yn union beth yw **cynghanedd**. Miwsig o fewn llinell.

Does neb yn gwybod yn union pryd ddechreuodd pobl gynganeddu, ond mae un peth yn siŵr, mae rhai llinellau o gynghanedd yn mynd 'nôl mor bell â 1500 o flynyddoedd! Tua 800 mlynedd yn ôl dechreuodd rhai beirdd ysgrifennu cerddi cyfan mewn cynghanedd.

CYNGHANEDD – GÊM 1

Dyma linell amser:

600 OC   **2022 OC**

a   b   c   ch   d   dd   e   f   ff

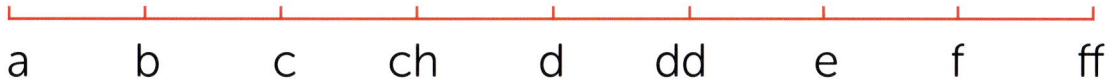

Ceisia ddyfalu ymhle ar y llinell amser mae'r llinellau hyn o gynghanedd yn perthyn. Rho'r llythyren ar bwys y rhif, e.e. os wyt ti'n meddwl mai llinell 1 yw'r hynaf, yna rho'r llythyren 'a' ar bwys rhif '1'.

1. Y llwybrau gynt lle bu'r gân

2. Tarian yn aerwan, yn eurwaith

3. Gwell yw ystafell os tyf

4. A roddai feirch i eirchiaid

5. Hi hen, eleni ganed

6. Ymbil â'i fam am bêl fach

7. Rhyw lond trai o olion traed

Mae atebion pob gêm ar dudalennau 97 i 100.

Yn y llyfr hwn, bydd cyfle i ti fynd ati i greu dy gynganeddion dy hun, ac i ddysgu mwy am y gwahanol fathau o gynghanedd, ac mae pedwar prif fath, sef:

y gynghanedd draws

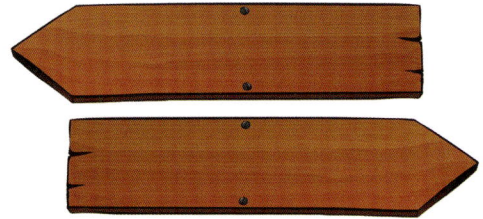

y gynghanedd groes

y gynghanedd lusg

y gynghanedd sain

Ond cyn cyrraedd y cynganeddion eu hunain, mae'n well i ni feddwl yn ofalus am y pethau hyn:

yr acen

y sillafau

y cytseiniaid

y llafariaid

Wyt ti'n barod?

Ydw! Ond dwi wir ddim yn siŵr am y busnes dweud y llinellau'n uchel wrthyf fi fy hunan!

PENNOD 2

YR ACEN

Rhaid dechrau yn y dechrau. Pan wyt ti'n dechrau dysgu rhifo, rhaid dechrau gydag un, dau, tri. Pan wyt ti'n dysgu dweud yr wyddor, rhaid dechrau gydag A, B, C. Pan wyt ti'n dysgu cynganeddu, rhaid dechrau gyda'r **acen**.

Beth yw'r 'acen'? Mae **un** rhan o bob gair yn pwyso mwy na gweddill y gair. Mewn cynghanedd, yr 'acen' yw'r gair arbennig am y **pwyslais** sydd mewn geiriau.

Dwi'n deall! Mae tarw yn siŵr o bwyso mwy na llygoden.

TARW!

Na, na, na! Nid y peth ei hunan ond y rhan o'r gair! Dwed y gair 'tarw' ar dop dy lais.

Wyt ti'n gallu clywed dy fod yn rhoi mwy o bwyslais ar yr 'a' na'r 'w'? Mae'r **acen** ar y darn 'ta' – a bod yn fanwl gywir ar y sain 'a'. Nawr dwed y gair 'llygoden' ar dop dy lais.

LLYGODEN!

Gwranda.

LLY – GO – DEN.

Wyt ti'n gallu clywed bod mwy o bwyslais ar yr 'o' nag ar yr 'y' a'r 'e'? Mae'r **acen** ar y sain 'o'.

Wyt ti'n gwybod beth y'n ni'n galw'r darnau bach o eiriau?

Ymmmmm …

Wyt ti wedi anghofio? Hoffet ti gliw? Mae'n dechrau gydag 'S'

S _____

Tro'r llyfr â'i ben i waered i weld yr ateb.

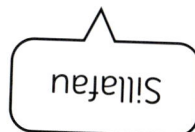

Sillafau

Gwych! A beth yw un?

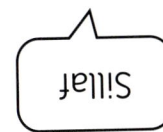

Sillaf

15

Ie! Yn Gymraeg, mae'r **acen** bron bob tro ar y sillaf olaf ond un.

Well i ni ymarfer cyfrif sillafau ...

Ymmm, y sillaf olaf ond un?

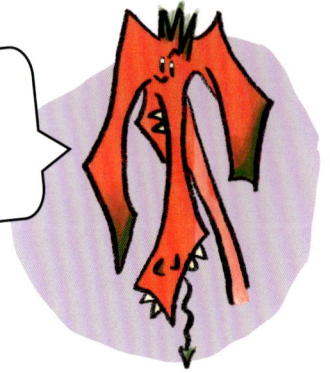

TARW ➡ ta-rw ➡ 2 sillaf

Pa un yw'r sillaf olaf? [ ]   Pa un yw'r sillaf olaf ond un? [ ]

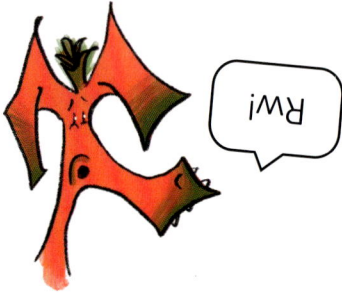

Rw!

Ta!

LLYGODEN ➡ lly-go-den ➡ 3 sillaf

Pa un yw'r sillaf olaf? [ ]   Pa un yw'r sillaf olaf ond un? [ ]

En!

Od!

Gwych! Ac mae un peth bach arall gen ti i'w ddysgu cyn dechrau chwarae'r gêm nesaf. Mae gan yr iaith Gymraeg air arbennig ar gyfer y 'sillaf olaf ond un'.

Un gair yn lle pedwar gair?

Ie – dyna ti. Un gair yn lle pedwar gair.

Goben.

Goben ... ?!! Mmmm ... mae hwnnw'n air od!

Iawn. A dyna ni – rwyt ti'n gwybod beth yw **acen**, beth yw **sillafau** a beth yw **goben**.

Rwyt ti'n barod i chwarae.

17

YR ACEN – GÊM 1

Ar y dudalen nesaf mae cofrestr dosbarth Miss Goben. Ond mae Miss Goben yn absennol heddiw ac mae angen dy help di.

1. Saf ar dy draed.

2. Rhaid i ti alw enw pawb – pob un – yn uchel, ac wrth dy fod yn galw pob enw, rhaid i ti blygu dy bengliniau ar y sillaf lle mae'r pwyslais. (Dyna beth y'n ni'n alw'n acen – wyt ti'n cofio?)

3. Wedyn, gei di eistedd.

4. Yna, rhaid i ti roi llinell fach ysgafn mewn pensel o dan y sillaf lle mae'r acen.

5. Cofia edrych i weld a ydy'r acen ar y sillaf olaf ond un.

6. Cei di edrych wedyn ar dudalen 98 er mwyn gweld a gest ti'r atebion yn gywir.

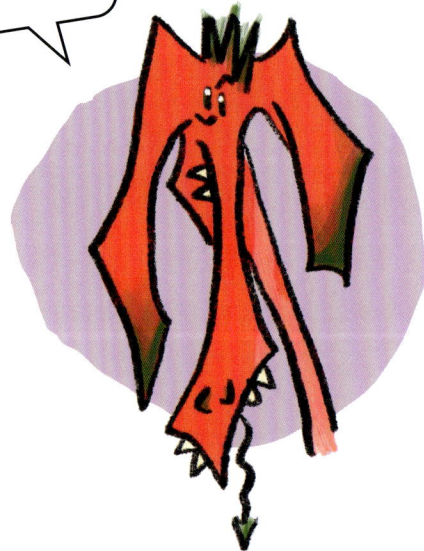

Y goben?!

Pob lwc!

Cofrestr dosbarth Miss Goben

1. Gareth
2. Geraint
3. Mari
4. Delyth
5. Angharad
6. Steffan
7. Rhiannon
8. Llewelyn
9. Catrin
10. Siwan
11. Sian
12. Ann
13. Rhodri
14. Dafydd
15. Hanna
16. Elin
17. Sion
18. Nel
19. Ifan
20. Manon
21. Sioned
22. Miriam
23. Rhys
24. Mihangel
25. [   ]

(fan hyn, rho dy enw dy hunan)

Nawr, gad i ni edrych yn ofalus ar rifau 11, 12, 17, 18 a 23: Sian, Ann, Sion, Nel a Rhys. Dim ond un sillaf sydd yn yr enwau hyn. Felly, does dim 'goben'. Mae'n rhaid i'r acen fod ar yr unig sillaf sydd yno!

Mmm ... nawr ti'n dweud! O'n i'n meddwl fod rhyw ddrwg yn y caws fan hyn.

YR ACEN – GÊM 2

Erbyn heddiw mae Miss Goben yn teimlo'n well ac mae 'nôl yn y dosbarth. Mae wedi penderfynu rhoi gwers Ddaearyddiaeth ac mae am ddysgu'r plant am enwau llefydd yng Nghymru.

1. Rhaid i ti drefnu'r enwau llefydd yn ôl faint o sillafau sydd ynddyn nhw. Mae angen pedair rhestr arnat ti. Rhestr yr enwau llefydd gydag 1 sillaf, rhestr yr enwau llefydd gyda 2 sillaf, rhestr yr enwau llefydd gyda 3 sillaf a rhestr yr enwau llefydd gydag 4 sillaf yn unig. Mae'r tabl wedi ei wneud yn barod ar dy gyfer.

2. Ysgrifenna enwau'r llefydd yn y lle cywir yn y tabl.

3. Wedyn, rhaid i ti roi llinell fach ysgafn mewn pensel o dan y sillaf lle mae'r acen.

4. Ydy'r acen ar y sillaf olaf ond un?

5. Bob tro?

6. Yna, cei di edrych ar dudalen 98 er mwyn gweld a gest ti'r atebion yn gywir.

(Ar gyfer y gêm hon defnyddia bensel ysgafn fel y gelli ail-wneud yr ymarfer dro ar ôl tro)

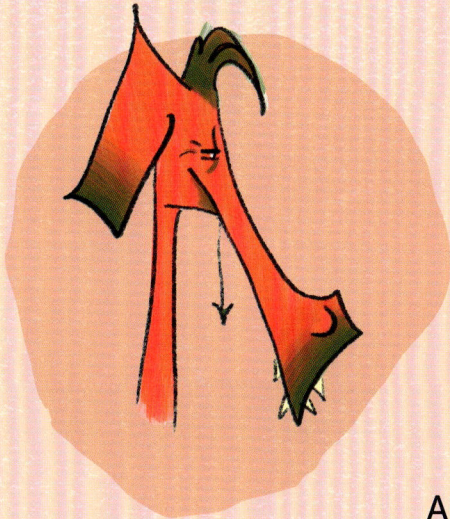

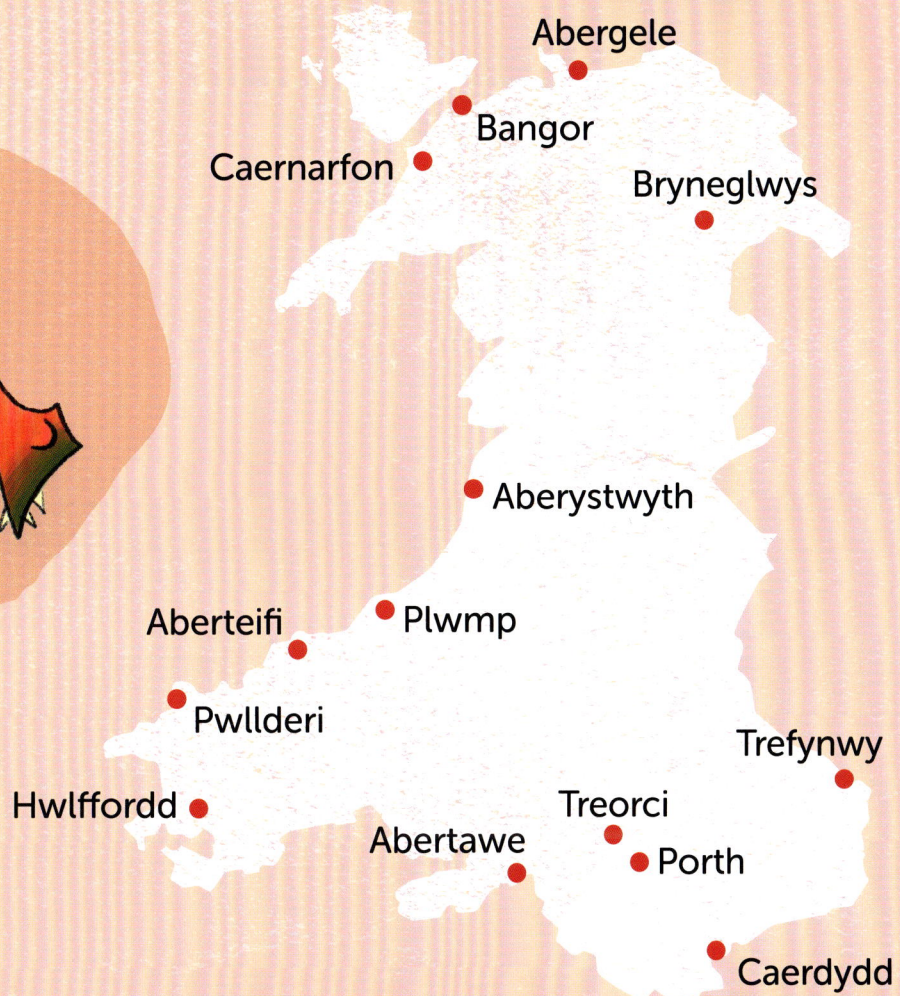

Abergele

Bangor

Caernarfon

Bryneglwys

Aberystwyth

Aberteifi   Plwmp

Pwllderi

Trefynwy

Hwlffordd

Treorci

Abertawe   Porth

Caerdydd

1 sillaf	2 sillaf	3 sillaf	4 sillaf

Gad i ni edrych yn ofalus ar yr enw Caerdydd.

CAER ⬇

⬆ DYDD

Mae'r acen ar y sillaf olaf yn yr enw Caerdydd ... nid ar y goben! Ac oes, mae rhai geiriau fel hyn yn yr iaith Gymraeg. Ond paid â phoeni – does dim llawer, ac ar y cyfan, mae'r acen ar y goben.

Rwyt ti'n cofio beth oedd y goben, on'd wyt ti?

Ydw! Hawdd, pawdd!
Y goben yw'r
sillaf olaf ond un!

YR ACEN – GÊM 3

Bydd angen cloc a phensel ysgafn ar gyfer y gêm hon.

Mae Miss Goben yn cwyno nawr bod ei phen hi'n dost.

Felly, mae wedi mynnu bod pawb yn y dosbarth yn eistedd yn dawel yn gwneud rhestrau o bopeth sydd yn yr ystafell ddosbarth a'u trefnu nhw yn ôl **sillafau**. Mae hefyd eisiau i bob disgybl nodi lle mae'r **acen** ym mhob gair.

O na ...

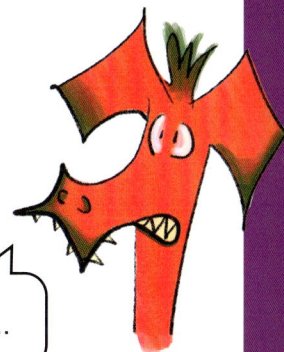

Ar dudalen 24 mae blychau i ti gael trefn ar y pethau a weli di yn yr ystafell. Ac mae hi wedi addo gwobr i'r disgybl sy'n gallu trefnu popeth mewn llai na phum munud!

W! Gwobr!

Felly, ar eich marciau ... barod ... EWCH!

(Mae pedwar wedi eu gwneud yn barod.)

glud

pensiliau

map

larwm

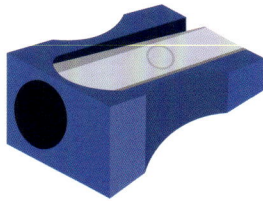

naddwr

cloch

cadair

1 sillaf	2 sillaf	3 sillaf	4 sillaf
t**a**p	n**a**ddwr	pren m**e**sur	cyfrifi**a**dur

24

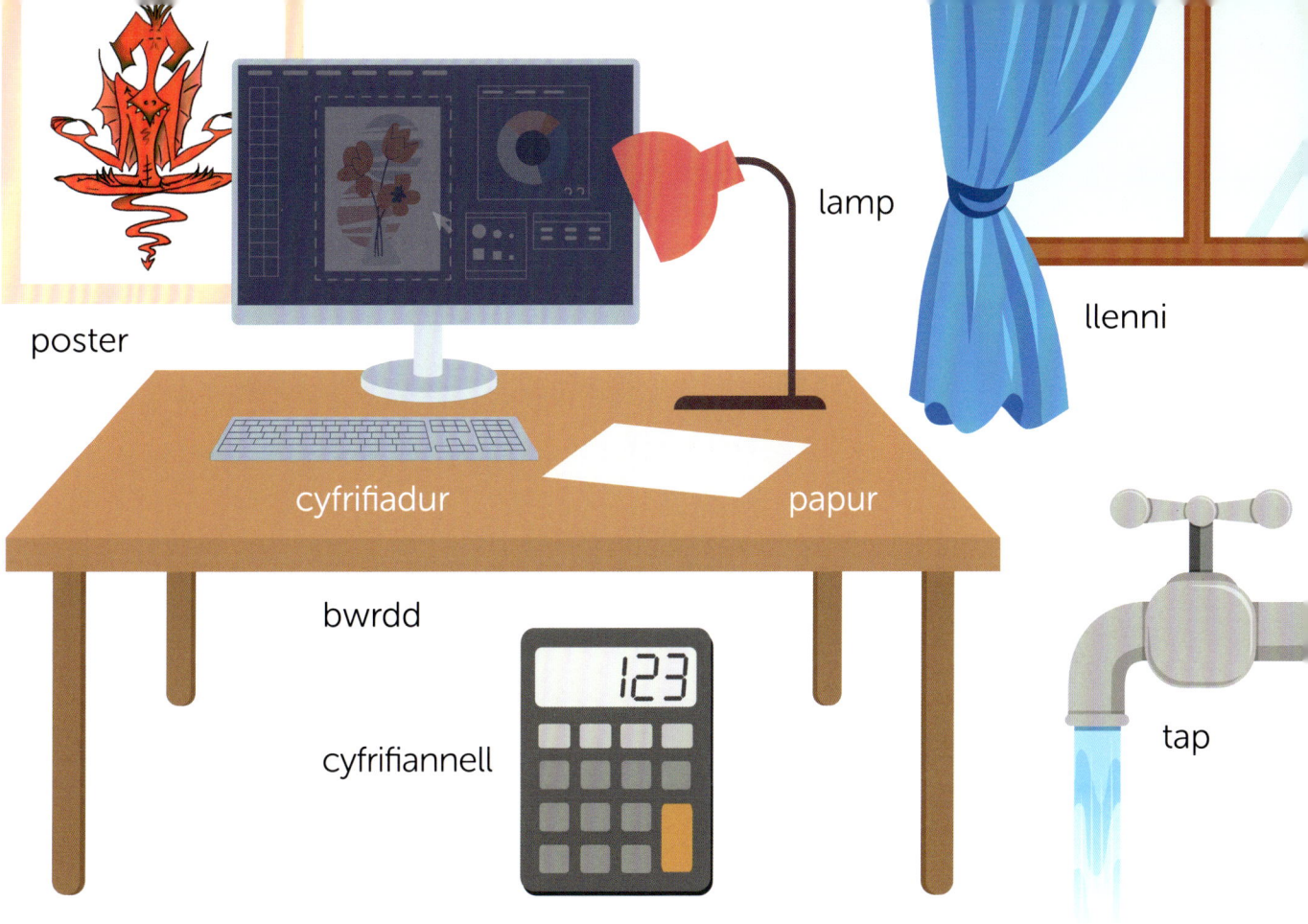

poster

lamp

llenni

cyfrifiadur

papur

bwrdd

cyfrifiannell

tap

llyfrau

ffeiliau

silff

tegan

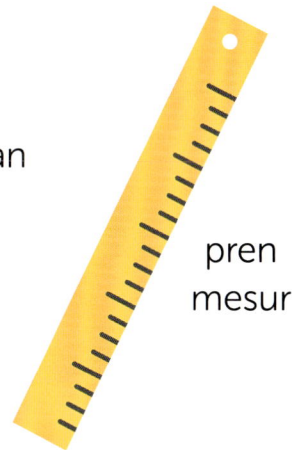

pren
mesur

25

Geiriau acennog a geiriau diacen

Un peth bach arall. Mae'n rhaid i ti ddysgu sut y'n ni'n galw'r enwau ...

> Galw enwau?
> Dyw hynny ddim yn beth neis iawn ...

Neu beth y'n ni'n galw'r geiriau. Mae dau gategori – geiriau **acennog** a geiriau **diacen**.

Yn syml iawn:

1. geiriau **acennog** yw'r rhai sydd â'r acen ar y sillaf olaf;
2. a'r geiriau **diacen** yw'r rhai sydd â'r acen yn rhywle heblaw'r sillaf olaf.

Felly mae 'Sion' a 'Sian' a 'Rhys' yn eiriau **acennog**, ond hefyd mae 'Caerdydd' a 'Pontypridd' a 'mwynhau' i gyd yn eiriau **acennog** ... achos mae'r acen **ar y sillaf olaf**.

Ond mae 'Angharad', 'ceffyl', 'cynghanedd', 'sosban' a 'selsig' i gyd yn eiriau **diacen** achos dyw'r acen **ddim** ar y sillaf olaf.

A gyda llaw, ry'n ni'n mynd i nodi lle mae'r **acen** gyda ╱
a'r **diacen** gyda ∪.

Felly, pan mae'r pwyslais yn dod yn y gair, ry'n ni'n rhoi'r arwydd '╱'
a phan mae'r pwyslais yn diflannu ry'n ni'n rhoi'r arwydd '∪'.

╱ ∪ ╱ ∪

Angharad ceffyl

Gwych! Felly beth sy'n arbennig am y gair 'cath' a'r gair 'glanhau'?

╱ ╱

cath glanhau

Aha! Dwi'n gweld!

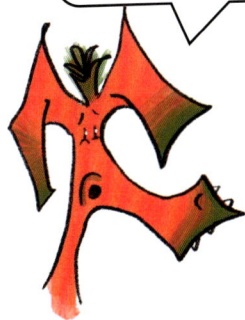

ateb: maen nhw'n eirian acennog, felly does dim ∪!

Beth am chwarae gêm?

Oes gwobr y tro hwn?

27

YR ACEN – GÊM 4

Mae Mr Postman Pwyslais Pwysig wedi gollwg dwy sach o eiriau. Tybed a elli di ei helpu i roi'r geiriau nôl yn y drefn gywir? Defnyddia bensel i roi'r geiriau yn y sachau. Dylai un sach gynnwys y geiriau **acennog** a'r llall y geiriau **diacen**. Dylai fod gen ti ddeg gair ym mhob sach.

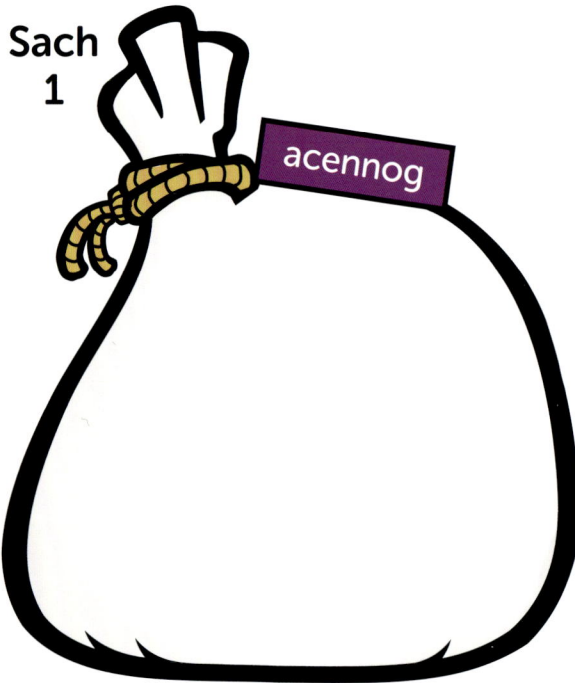

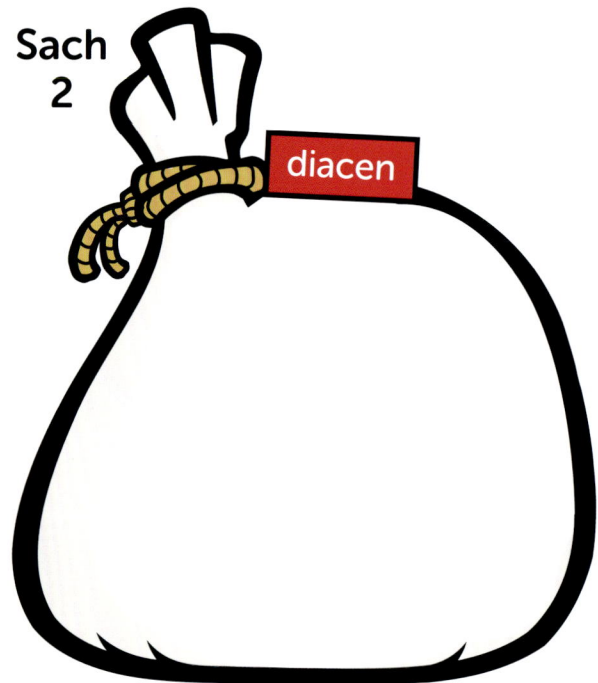

Sach 1

acennog

Sach 2

diacen

car	lleihau	anghofio	osgoi
nos	deilen	glanhau	wy
cerddi	moch	syrcas	erioed
aelwyd	eistedd	bachgen	tai
mochyn	moron	ffrindiau	Cymraeg

YR ACEN – GÊM 5

Er mwyn ymarfer yr arwyddion ╱ a ◡, beth am fynd yn ôl at y geiriau yn Gêm 4 a nodi'r **acen** gyda'r ╱ a'r **diacen** gyda ◡?

car	osgoi	cerddi
wy	Cymraeg	bachgen
nos	glanhau	deilen
lleihau	mochyn	anghofio
erioed	eistedd	ffrindiau
tai	syrcas	aelwyd
moch	moron	

CYTSEINIAID

Mae 28 llythyren yn yr wyddor.
Mae 7 ohonyn nhw'n **llafariaid**.
Wyt ti'n gwybod beth y'n ni'n galw'r
gweddill?

Cytseiniaid!

Gwych! Ti'n iawn. Felly, os oes
28 llythyren yn yr wyddor ac
mae 7 ohonyn nhw'n llafariaid,
sawl cytsain sydd?

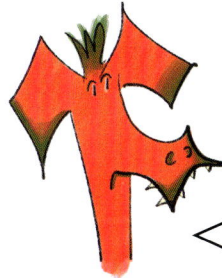

O'n i eisiau dysgu
am gynghanedd,
dim mathemateg!
Mmmm ... 28 tynnu 7
yw ... 21!

Nawr, wyt ti'n gwybod pa rai
yw'r **cytseiniaid** hyn?

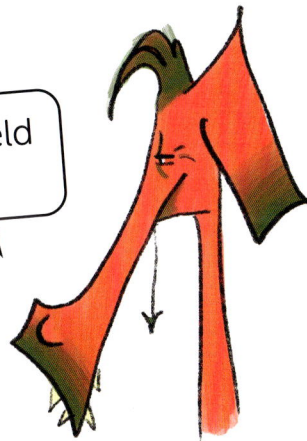

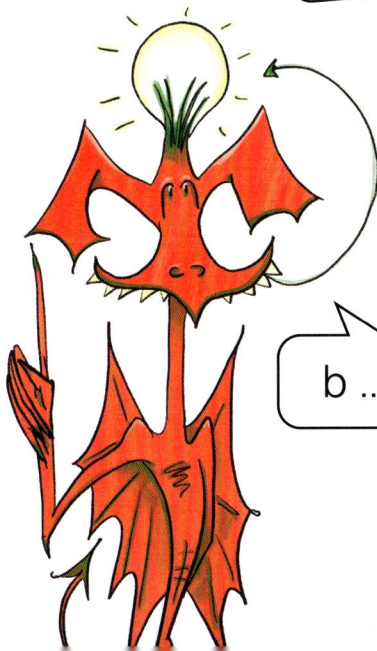

Dylwn i fod wedi rhagweld
y cwestiwn hwn ...

Y gytsain gyntaf yw 'b'...

b ... c ch d dd f ff g ng h l ll m n p ph r rh s t th

Gwych!

Ond mae un fach newydd yn ceisio ffeindio'i ffordd i wyddor y Cymry, sef y gytsain 'j'. Slawer dydd doedd dim 'j' yn yr iaith Gymraeg, ond ble fydden ni heddiw heb 'jam' a 'jeli' a 'jac-y-do' a ... 'jôc'?!

Dim jam na jeli?!
Rhaid cael jam coch!

Ac mae un gytsain fach arall sy'n rhaid i ni edrych yn ofalus iawn arni ... sef y gytsain 'h'.
Y peth am 'h' yw ein bod ni'n gallu ei chyfri hi fel llafariaid neu gytsain wrth lunio cynganeddion.
Ond mwy am hynny yn y man!

CYTSEINIAID – GÊM 1

Cer at y ffenest ac edrycha allan. Does gen i ddim syniad beth wyt ti'n ei weld. Falle dy fod yn gweld stryd a cheir a phobl, falle dy fod yn gweld gardd a blodau ac awyr las. Falle ei bod hi'n ganol nos, ac os felly, bydd yn rhaid i ti ddefnyddio dy ddychymyg. Ond o edrych allan, craffa'n ofalus i weld a elli di ddod o hyd i bethau'n dechrau gyda'r **cytseiniaid** hyn:

B

C

D

G

Ll

T

M

N

P

S

CYTSEINIAID – GÊM 2

Mae Carwyn yn byw mewn carafán. Mae ganddo fam ryfedd sydd newydd ddweud wrth Carwyn mai dim ond pethau sy'n dechrau gydag '**c**' sy'n cael aros yn y garafán. Rho ✓ ar bopeth sy'n cael aros yn y garafán.
Faint o bethau fydd ar ôl gan Carwyn?

arth

cath

cardiau

cloc

cadw-mi-gei

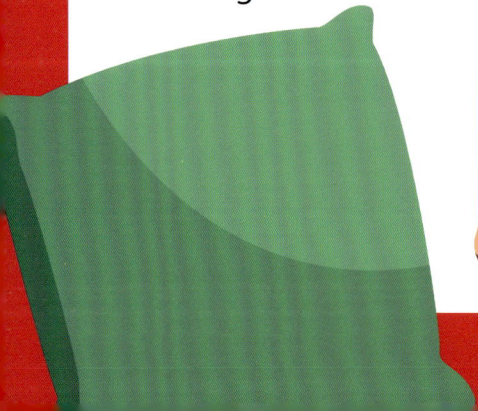

clustog

camel

cwstard

cadeiriau

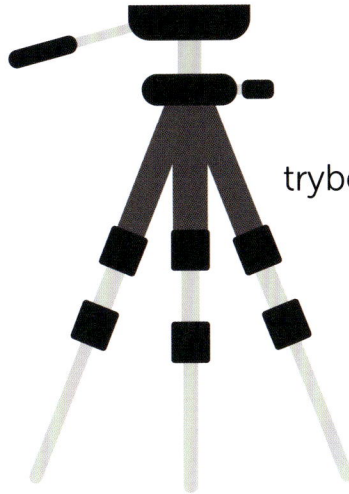

trybedd

camera

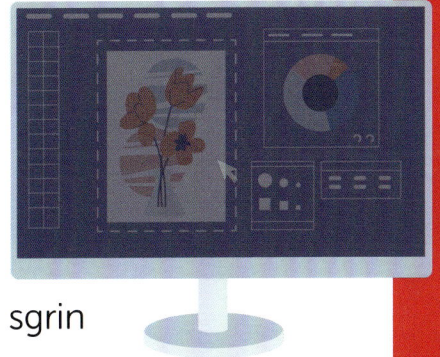

sgrin

radio

allweddell

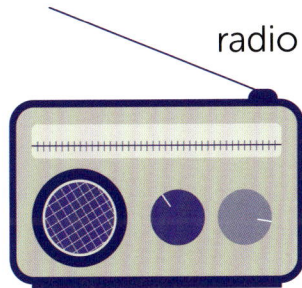

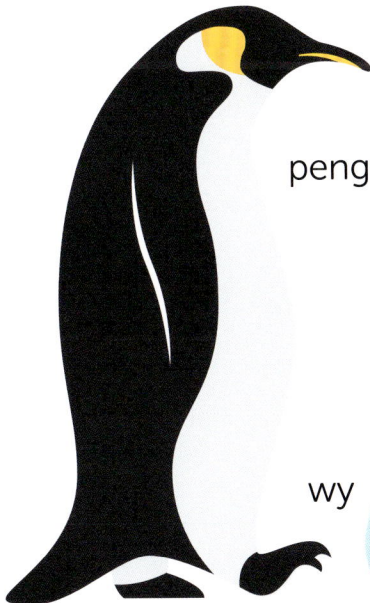

pengwin

cwpan

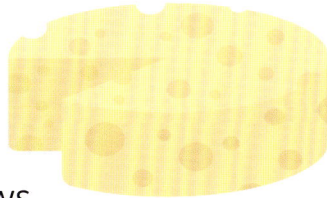

caws

wy

afal

ci

CYTSEINIAID – GÊM 3

Enw mam Carwyn yw Mair. Mae Carwyn wedi penderfynu talu'r pwyth yn ôl, ac wedi dweud wrth ei fam mai dim ond pethau'n dechrau gydag '**m**' sy'n cael bod yn ei charafán hi. O'r holl bethau sydd yn y llun – pa rai fydd gan Mair yn y garafán os yw hi'n gwrando ar Carwyn? Rho ✓ ar bopeth fydd yng ngharafán Mair.

pêl

menyn

miwsig

ffidil

tegell

basged

mwclis

moron

cloc

llyfrau

menig

brwsh

mochyn

clustog

mat

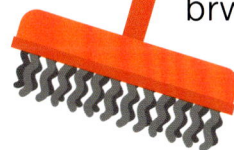

mwgwd

cadair

gwely

sosban

bara

popty

mop

mêl

CYTSEINIAID A LLAFARIAID – GÊM 4

Tybed elli di wneud brawddeg gyda PHOB gair yn dechrau gyda'r **un gytsain** neu'r **un llafariad**? E.e.

'**M**ae **M**r **M**arc **M**orris **m**ewn **m**odur **M**ercedes **m**awr', **m**eddai **m**am **M**egan.

Ceisia wneud brawddeg debyg gyda'r llythyren N, O, H, E ac S.

1. **N**
2. **O**
3. **H**
4. **E**
5. **S**

Os oes gen ti fwy na phum gair yn y frawddeg fe gei di ddeg marc amdani!

Dyma rai esiamplau i ti:

Estynnodd **E**la'r **e**liffant **e**nfawr **e**li.

Hoffai **H**arri **h**edfan **h**ofrenydd **h**ardd.

LLAFARIAID

Erbyn hyn rwyt ti'n hen gyfarwydd â geiriau fel **acen**, **sillaf**, **goben** ac mi rwy ti'n siŵr o fod yn hen hen hen gyfarwydd â'r gair **llafariad**.

Ond rhag ofn dy fod wedi anghofio am y **llafariaid**, dyma d'atgoffa. Y **llafariaid** Cymraeg yw'r llythrennau:

Hmm ... yn weddol gyfarwydd!

a e i o u w y

O ie, dwi'n cofio nawr!

Mae pob gair yn cynnwys llafariad.

Mae rhai'n cynnwys dim ond un llafariad.

Mae rhai'n cynnwys llawer iawn ...

... ac mae rhai geiriau'n cynnwys dim byd ond llafariaid.

LLAFARIAID – GÊM 1

Tybed elli di gyfri'r **llafariaid** sydd yn y geiriau hyn?
Rho'r atebion yn y blychau.

☐ mam		☐ brawd
☐ anghredadwy		☐ chwiorydd
☐ deuoliaethau		☐ anobeithiol
☐ gwirioneddau		
☐ anghenfil		

LLAFARIAID – GÊM 2

Tybed elli di feddwl am eiriau sydd gyda **dim byd ond llafariaid** ynddyn nhw? Dyma ychydig o gliwiau i ti:

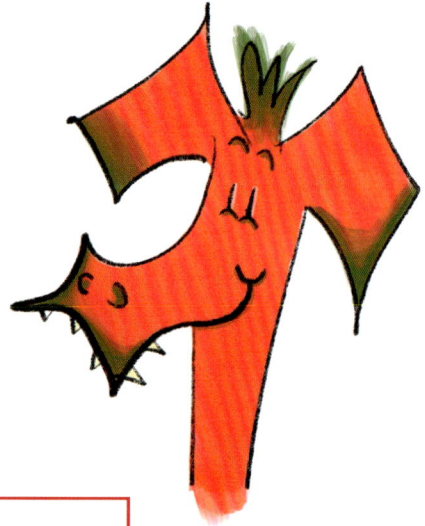

Beth mae'r iâr yn ei ddodwy?

Beth yw'r gwrthwyneb i 'na'?

Beth sy'n dilyn Mercher?

Beth yw'r gair arall am 'rhew'?

Beth y'ch chi'n ei ddweud pan y'ch chi wedi cael dolur?

LLAFARIAID – GÊM 3

Ras yn erbyn y cloc! Rho bum munud i ti dy hunan. Ceisia feddwl am 5 gair yn dechrau gyda'r llafariaid hyn. Mae'r un cyntaf wedi ei wneud.

a:	**a**nghenfil	**a**nifail	**a**wyren	**a**fal	**A**nna
e:					
i:					
o:					
u:					
w:					
y:					

ATEB CYTSEINIAID

(neu sgerbydau!)

Mae popeth yn iawn – does dim angen poeni! Mae gan bawb sgerbwd. Roeddet ti'n gwybod hynny, siŵr o fod.

Wrth gwrs fy mod i!

Ond ry'n ni'n mynd i esgus nawr fod gan **bob gair** sgerbwd.

Dwi wir yn dechrau amau a yw'r athro barddol yma'n gall?!

45

... ac er mwyn creu llinellau o **gynghanedd** mae'n mynd i fod yn hollbwysig dy fod ti'n gallu adnabod **sgerbwd geiriau**.

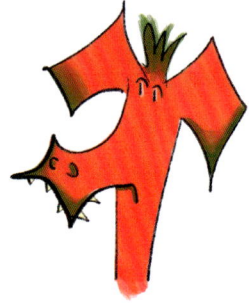

Ond nid gwersi Bioleg o'n i'n gobeithio'u cael!

Paid ag edrych yn bryderus, dim ond ffordd o siarad yw sôn am sgerbydau geiriau ...

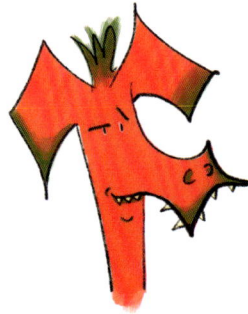

Ffiw!

Un dydd aeth bachgen o'r enw Meurig i'r ysbyty i gael llun pelydr X sy'n dangos dim byd ond ESGYRN! Nawr, ry'n ni'n mynd i esgus fod gan ei enw, sef Meurig, sgerbwd hefyd ... ac esgus mai'r acen yw'r asgwrn cefn!

Dwi wir yn dechrau ofni bod yr athro hwn wedi drysu'n lân!

Wyt ti'n gwybod lle mae'r **acen** yn y gair Meurig?

Ydw! Ar yr 'eu'!

46

Campus! Felly, 'sgerbwd' y gair 'Meurig' yw:

m ╱ r ⌣

sef: 'm', acen (╱), 'r', diacen (⌣).

Wyt ti'n deall?

Yn weddol ... gawn ni wneud un eto?

Iawn. Cymer y gair 'melyn'. Wyt ti'n gwybod lle mae'r **acen** yn y gair 'melyn'?

Mae'r acen ar yr 'e'.

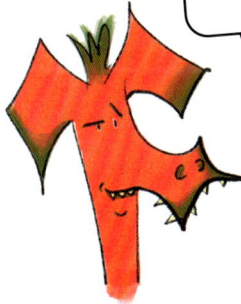

Ardderchog! Nawr, beth yw'r **ddwy gytsain** sydd yn naill ochr i'r **acen**?

Y ddwy gytsain yw 'm' ac 'l'.

Campus eto! Felly, 'sgerbwd' y gair 'melyn' yw:

m ╱ l ⌣

sef: 'm', acen (╱), 'l', diacen (⌣).

Nawr 'te … y cwbl sydd angen i ti ei wneud yw dod o hyd i eiriau sydd â'r un sgerbydau!

Oes rhaid sôn gymaint am sgerbydau? Dwi isie cysgu'r nos heno!

Neu, os nad wyt ti eisiau sôn am sgerbydau, o'i roi mewn ffordd arall, y cwbl sydd angen i ti ei wneud yw dod o hyd i eiriau sydd â'r un patrwm: cytsain yn ateb cytsain, acen yn ateb acen. Yr enw ar hyn yw **ateb cytseiniaid**. Mae'n hawdd! A'r peth pwysig yw bod y patrwm yn UNION yr un peth …

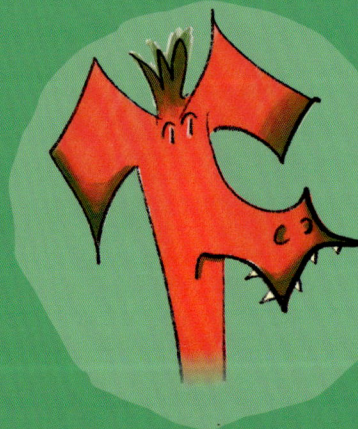

Mmm … dwi ddim mor siŵr?!

… a'r darn mwyaf pwysig yn y patrwm yw'r **acen** (a'r hyn sy'n ei dilyn hi'n SYTH).

ATEB CYTSEINIAID – GÊM 1

Dyma bentwr o eiriau. Tybed elli di eu rhoi i hongian ar y sgerbwd cywir? Mae rhai wedi eu gwneud yn barod.

~~Meurig~~, coron, deilen, doli,
cariad, Mari, dwlu, ~~Ceri~~,
dyled, mieri, cwrw, moroedd,
Carys, morwyn, ~~delwedd~~.

e.e. **Meurig: m / r ∪**   **Ceri: c / r ∪**   **delwedd: d / l ∪**

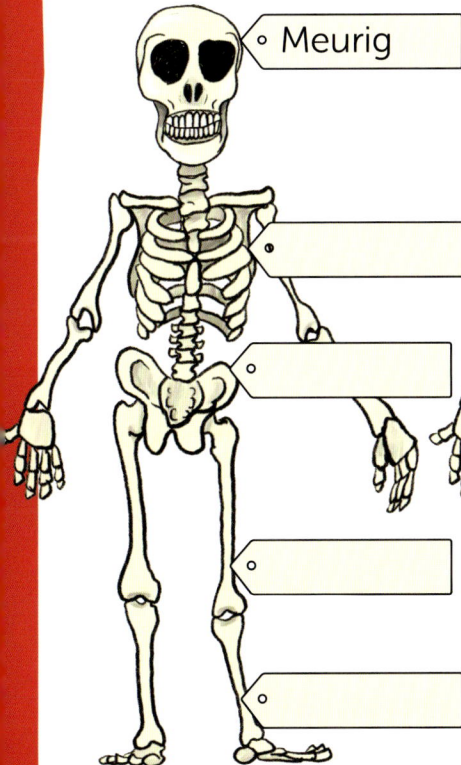

Meurig

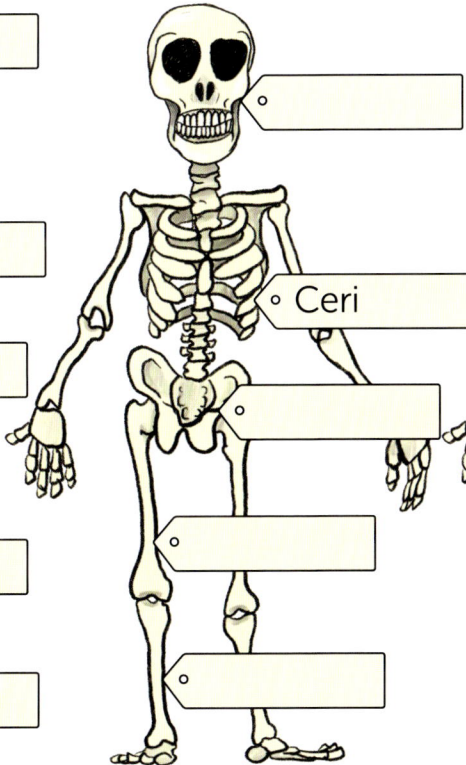

Ceri

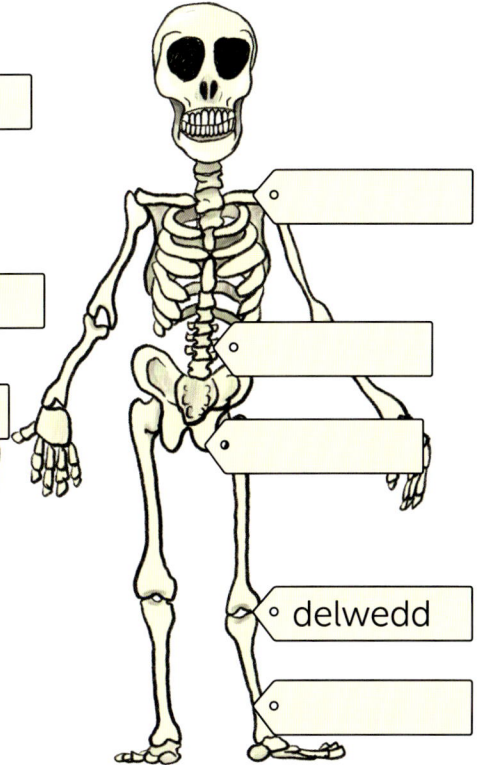

delwedd

ATEB CYTSEINIAID – GÊM 2

Dyma dri sgerbwd arall.

Y tro yma mae'r geiriau ar y sgerbydau'n barod.
Ond mae un gair yn anghywir bob tro.

1. Elli di ddod o hyd i'r gair anghywir?

2. Elli di esbonio pam?

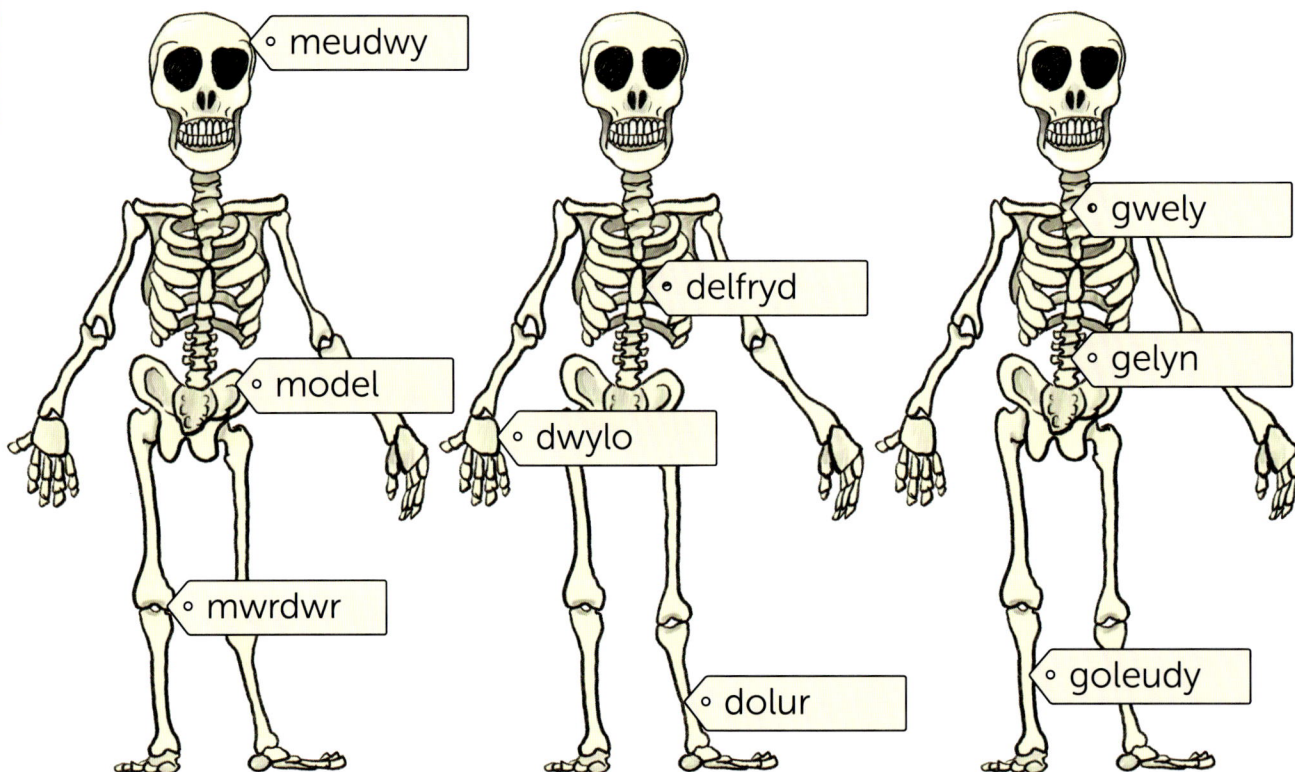

° meudwy

° model

° mwrdwr

° delfryd

° dwylo

° dolur

° gwely

° gelyn

° goleudy

ATEB CYTSEINIAID – GÊM 3

Mae pob un o'r geiriau sydd ar y sgerbwd yma yn berffaith yn eu lle. Beth sy'n wahanol amdanynt (o'u cymharu gyda'r geiriau yn Ateb Cytseiniaid – Gêm 1)? A beth sy'n debyg?

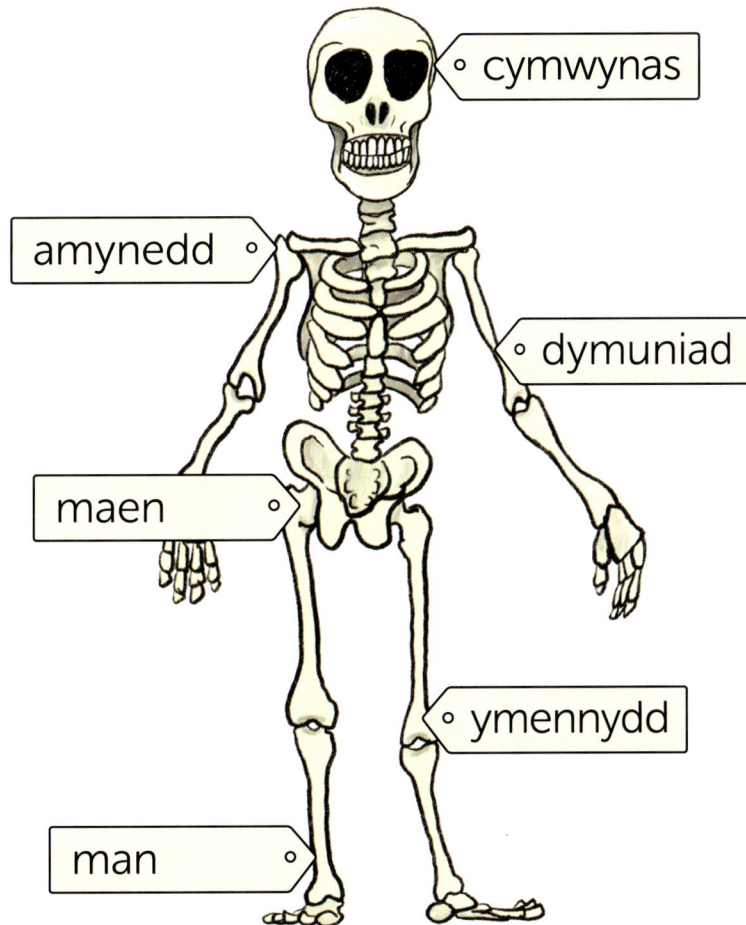

cymwynas

amynedd

dymuniad

maen

ymennydd

man

ATEB CYTSEINIAID – GÊM 4

Yn y gêm hon, dim ond dau o bob set o eiriau sydd â'r un sgerbwd o amgylch yr acen. Ras yn erbyn y cloc i weld pa rai yw'r ddau ym mhob set …

Cofia: y ffordd orau i wneud y pos hwn yw drwy nodi'r patrwm bob tro.

Set 1:

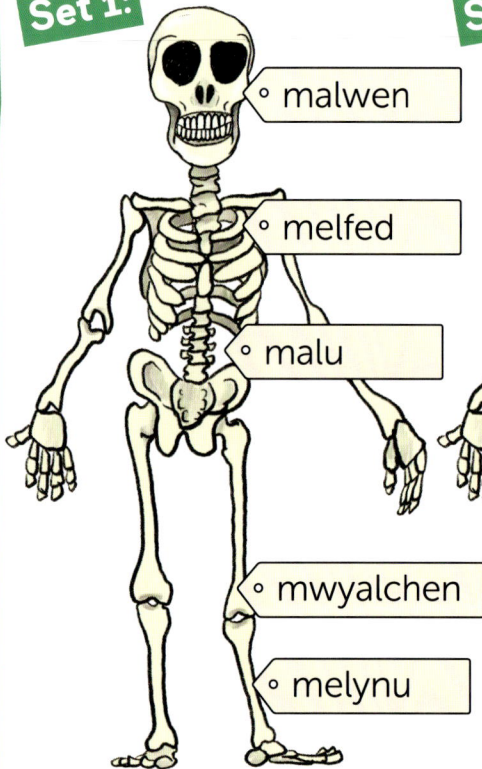

- malwen
- melfed
- malu
- mwyalchen
- melynu

Set 2:

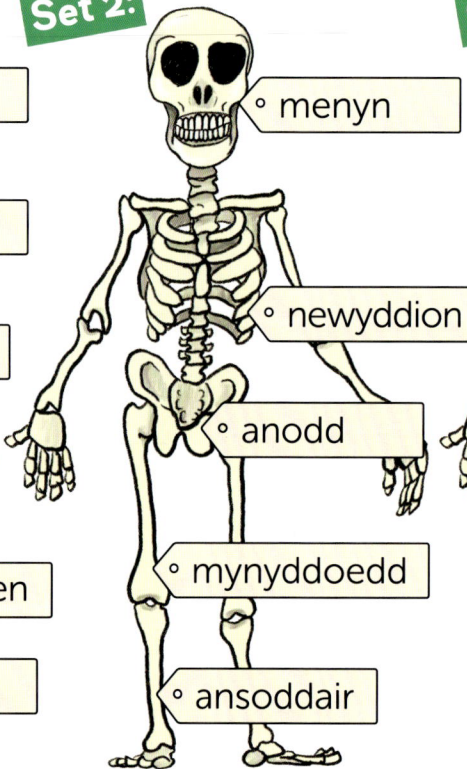

- menyn
- newyddion
- anodd
- mynyddoedd
- ansoddair

Set 3:

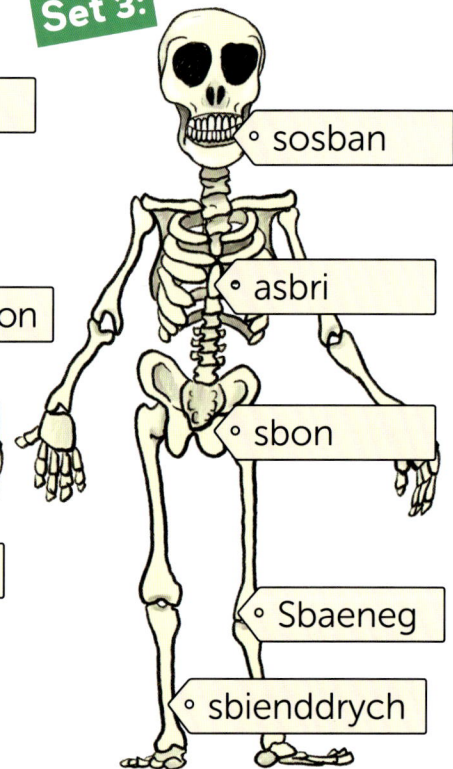

- sosban
- asbri
- sbon
- Sbaeneg
- sbienddrych

ATEB CYTSEINIAID – GÊM 5

Dim ond dau o bob tri sy'n perthyn yn y setiau hyn.
Rho ✓ i nodi pa ddau – a noda pam.

Set 1	Set 2	Set 3
cadno	defnydd	cadarn
cydnaws	danfon	cordiau
candi	dafnau	cerdyn

Pa osodiad sy'n gywir, A neu B?

A. Wrth lunio cynghanedd rhaid gwylio bod y gytsain ddwbl sy'n dilyn yr acen yn cael ei hateb gyda'r union gytsain ddwbl.

B. Wrth lunio cynghanedd does dim gwahaniaeth am y gytsain ddwbl sy'n dilyn yr acen

(ystyr 'cytsain ddwbwl' yw dwy gytsain sydd ynghlwm wrth ei gilydd).

ATEB CYTSEINIAID – GÊM 6

Wyt ti'n cofio beth yw llafariaid?

a e i o u w y

Ardderchog!

Pe bawn i'n dweud wrthyt ti fod y parau o eiriau isod i gyd yn ateb ei gilydd yn gywir mewn cynghanedd (a maen nhw, cofia, dydw i ddim yn twyllo) – tybed allet ti ddyfalu beth yw'r rheol arbennig sy'n wir am: 'gyfateb llafariaid mewn cynghanedd'?

Pâr 1: dwywaith dewis

Pâr 2: lliwiau llawer

Pâr 3: cawell caeau

Cliw:
mae sgerbydau'r llafariaid ychydig bach, bach yn wahanol …

Y GYNGHANEDD DRAWS

O'r diwedd, dyma ni wedi cyrraedd y gynghanedd 'go iawn' gyntaf!

A hen bryd hefyd – o'n i ar fin mynd â'r llyfr i'r siop a gofyn am gael fy arian yn ôl ...

Oes gen ti syniad beth yw enw'r math hwn o gynghanedd? Dyma enghraifft i ti:

'Chwarae gyda fy chwiorydd'.

Wel, enw'r bennod yw 'Cynghanedd Draws' – felly mae'n siŵr mai'r ateb yw **Cynghanedd Draws!**

Ardderchog!

Mae'n siŵr hoffet ti wybod sut i'w llunio, ond dydw i ddim yn mynd i ddweud wrthyt ti!

> Wel, dyna'i diwedd hi ...

Wel, ddim eto, oherwydd mae un peth pwysig sy'n rhaid i ti ei ddysgu nawr.

Hyd yn hyn, ry'n ni wedi bod yn edrych ar acenion o fewn geiriau. Nawr mae'n rhaid i ni ddechrau edrych ar acenion o fewn brawddegau a llinellau, neu ddarnau o linellau. Cymer y frawddeg yma:

Mae Mari'n hoffi pysgod.

Dwed hi ar dop dy lais.

Wyt ti'n gallu clywed ble mae'r ddwy brif acen?

Dwyt ti ddim yn rhoi'r **un** pwyslais ar **BOB** gair ... mae rhai geiriau'n fwy pwysig. Pa ddau air sy'n fwy pwysig?

Tro'r llyfr a'i ben i waered i weld a wyt ti a fi'n cytuno ble mae'r pwyslais.

Mae Mari'n hoffi pysgod

Cytuno?

Cytuno!

Gwych, ni'n barod!

Dwi dal ddim am ddweud wrthyt ti sut i lunio llinell o gynghanedd. Ond cyn i ti bwdu'n llwyr, dwi am roi pum enghraifft o **gynghanedd draws** iti.

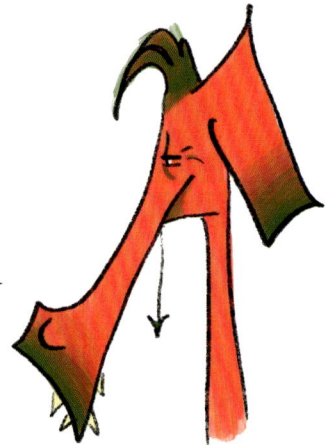

O!? Diolch!

Beth am i ti geisio dyfalu beth yw'r rheol?
Dyma'r enghreifftiau:

Gadael yn sŵn ergydion.

Caryl yw chwaer fach Ceri.

Y golau oedd ein gelyn.

Menna sy'n llawn amynedd.

Ei gariad oedd yn gyrru.

Cliw:
edrycha'n ofalus ar y llun ar dudalen 56.

Ystyria'r cwestiynau hyn:

Sawl sillaf sydd ym mhob llinell?

A oes rhywle lle mae'r llinell yn rhannu'n ddwy?

Ac un peth pwysig arall! Mewn cynghanedd draws mae'r sgerbwd ar ochr chwith y llinell yr un peth â'r sgerbwd sydd ar ddiwedd ochr dde'r llinell.

Waaa!
Dim fe to!

Edrycha'n ofalus, gwranda'n ofalus. Weli di'r patrwm?

Mae'r patrwm **o gylch yr acen** ar ochr chwith y llinell yn cael ei ateb gan y patrwm **o gylch yr acen** ar ddiwedd ochr dde'r llinell.

Edrych:

Mae'n rhaid cael pont i fynd ar draws y geiriau 'yn sŵn', ac i gysylltu 'g' a 'd' gyda 'g' a 'd'.

Cáryl | yw chwaer fach Céri

c / r ∪   c / r ∪

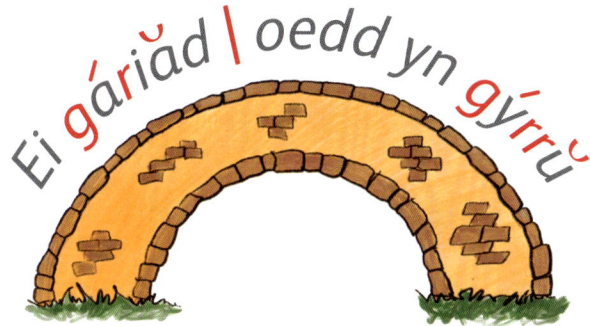

Ei gáriad | oedd yn gýrru

g / r ∪   g / r ∪

Y gólau | oedd ei gélyn

g / l ∪   g / l ∪

(Un peth bach arall gan dy fod ti'n ddisgybl sylwgar … wyt ti'n gweld nad y'n ni'n talu llawer o sylw i'r gytsain os yw hi'n dod ar ôl ∪ ?)

Wel, ardderchog! Rwyt ti'n haeddu gorffwys nawr ...

W! Dyna f'atgoffa i – 'gorffwys'! Cyn i ti gael gorffwys ... rhaid i fi sôn am y gair 'gorffwysfa' mewn cynghanedd.

Dyma air pwysig iawn ... oherwydd un o'r llefydd pwysicaf mewn llinell o gynghanedd yw'r man lle mae'r llinell yn torri. A'r enw ar y toriad hwn yw **gorffwysfa**. Dyna beth yw'r llinell '|' rwyt ti wedi ei gweld yn barod ar y dudalen flaenorol.

Hwrê!

O! Dyw hynny ddim yn deg ...!

Darllena'r llinell yma'n uchel:

Yn y *golwg* mae'r *galon*

Ble'r wyt ti'n meddwl mae'r toriad? Ry'n ni'n rhoi ychydig mwy o bwysigrwydd i'r gair sy'n dod yn syth cyn yr **orffwysfa** – felly, byddai'r llinell yn swnio'n od iawn pe byddai'r toriad mewn lle arall, e.e. 'Yn y golwg mae'r | galon'. Mae mwy o bwyslais ar y gair 'golwg', felly mae'r toriad (neu'r orffwysfa) yn dod ar ôl y gair hwnnw, fel hyn:

'*Yn y golwg* | *mae'r galon*'.

GORFFWYSFA – GÊM 1

Felly, yn y gêm hon, cyn i ti gael mynd i roi dy draed ar orffwysfa, neu fynd allan i chwarae, neu fynd i gysgu ... dyma bentwr o linellau i ti gael penderfynu ymhle ddylai'r **orffwysfa** fod:

1. Awyr las ar gwr y lôn

2. Un llais uwchben y lleisiau

3. Ar y môr mae gŵr Mari

4. Y llwybrau hoff lle bu'r haf

5. Gyrru ar daith i Gaerdydd

6. Yn y môr y mae hiraeth

7. Ar wahân i'r rhai hynny

8. Nid wyf yn mynd i ofyn

CYNGHANEDD DRAWS – GÊM 1

O blith y geiriau sydd wedi dod allan o'r corn gwlad dewisa'r un cywir i gwblhau'r llinellau hyn o **gynghanedd draws**:

Cliw: gwna'n siŵr fod 7 sillaf ym mhob llinell.

1 Angharad ... Siwan ... Meleri ... Manon

[   ] yw modryb Meinir

2 John ... Eilir ... Catrin ... Rhianedd

[   ] o'r Ariannin

3 eliffant ... ceffyl ... gofid ... llygoden

Gadael wnaeth pob [   ]

Ond O! Mae'r llinellau hyn i gyd yn ddiflas.

On i'n meddwl 'u bod nhw'n ocê ...

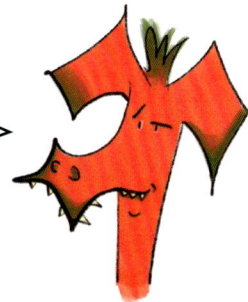

Beth am i ni geisio amrywio ychydig ar y patrwm?
Beth sy'n wahanol rhwng y llinellau hyn a'r rhai
sydd ar dudalen 63?

Mae enaid ar y mynydd

Mi roeddech yn amryddawn

Fy enw oedd Eifionydd

Mae'r sgerbwd ar yr
ochr chwith yn mynd
dros mwy nag un gair!

Yn union! Mae'r sgerbwd ar yr ochr chwith
yn mynd dros mwy nag un gair.

Mae énaid ar y mýnydd

m / n ⌣   m / n ⌣

Mi roéddech yn amrýddawn

m r / dd ⌣   m r / dd ⌣

Fy énw oedd Eifiónydd

f / n ⌣   f / n ⌣

65

CYNGHANEDD DRAWS – GÊM 2

Mae saith llinell o gynghanedd draws wedi eu gwneud, ond maen nhw wedi eu cymysgu. Cysyllta'r rhannau cywir â'i gilydd.

Mae'r un gyntaf wedi ei gwneud yn barod.

1. Rhydian   a. yn llawn amynedd

2. Dafydd   b. yn canu'n dyner

3. Menna   c. sy'n trin y geiriau

4. Dwynwen   ch. a ddaw i bwytho

5. Gerwyn   d. yw'r un caredig

6. Bethan   dd. yn colli ceiniog

7. Cynan   e. sy'n hoffi deifio

Ardderchog! Ond O! Mae un broblem ... yn yr holl enghreifftiau hyn, dy'n ni ddim wedi defnyddio'r UN gair acennog yn y sgerbwd ... mae POB sgerbwd wedi dilyn y patrwm ' ╱ ⏑ ' ... a gallai hynny fod yn ddiflas iawn ... fel cael cinio dydd Sul a dim ond un llysieuyn, neu ddydd Nadolig gyda phob anrheg yn union yr un peth, neu ardd gyda dim ond un math o flodyn ...

... Ie, iawn, wedi deall – dewch 'mlaen!

Felly – nawr ry'n ni am edrych ar y gynghanedd draws gan ddefnyddio **geiriau acennog**.

Os oes gair acennog ar ddiwedd rhan gynta'r llinell, e.e. 'car', yna mae modd rhoi gair acennog i gynganeddu ar ddiwedd yr ail ran, e.e. 'cês'. Wyt ti'n gweld rhywbeth rhyfedd? Edrych yn ofalus ...

Yn y cár | rwy'n rhoi un cés

Wyt ti'n gweld nad oes angen ateb y gytsain sy'n dod **ar ôl yr acen** os yw'r ddwy ochr yn gorffen yn **acennog**?

Hwrê! Dim ond hanner y gwaith!

Yn hollol! Felly, beth am chwarae gêm?

CYNGHANEDD DRAWS – GÊM 3

Mae cyfrifiadur Dewi Dwl wedi torri. Roedd wedi mynd ati i lunio deg llinell gywir o gynghanedd, ond mae'r cyfrifiadur wedi tynnu'r enw olaf o bob llinell, a'i rhoi ar waelod y dudalen. Wyt ti'n gallu helpu Dewi i roi'r enwau sydd ar waelod y dudalen yn ôl yn y llefydd cywir?

1. Yn y tŷ | mae Gwen a

2. Ni wêl y byd | ffrind fel

3. Un a'i lais | mor fwyn yw

4. Y tŷ coch | a beintiai

5. Mae'i gar | rhy gyflym i

Cliw:
cofia edrych ar y gair sy'n dod yn union cyn yr orffwysfa.

Gwyn   Bob   Twm   Cen   Len

Felly, nawr ry'n ni wedi ymarfer dau batrwm gyda'r gynghanedd draws ... sef:

╱ ◡   pont   ╱ ◡
diacen pont diacen

e.e. y gólǎu sy'n y gálǒn

a

╱   pont   ╱
acennog pont acennog

e.e. ar y dŵr rwy'n mynd ar dáith

Ac mae UN math arall yn bosib, sef:

╱   pont   ╱ ◡
acennog pont diacen

e.e. ei gwên a welais gánwǎith

... a fan hyn mae'r hwyl yn dechrau!

Mae'n well i ti ddweud y llinellau nesaf hyn yn uchel ac yn araf er mwyn i ti gael eu deall yn iawn ... Barod?

> Yyyy ... barod!

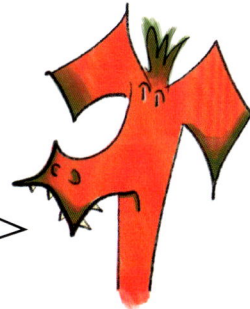

Mae'n rhaid i'r **gytsain** sy'n dilyn yr acen yn y **gair acennog** ateb y **gytsain** sy'n dilyn yr acen yn y **gair diacen**:

O'i gaél | mi ges y gólǎu

gaél | gólǎu

Well i ni chwarae gêm fach arall nawr i ti gael ymarfer hyn yn iawn ...

CYNGHANEDD DRAWS – GÊM 4

Tanlinella'r gair fyddai'n mynd ar ddiwedd y llinell
i ateb y gair cyn yr orffwysfa:

1. **dŵr**   dwyrain   deilen   digon

2. **glaw**   gleision   gloywi   Glenys

3. **gwyn**   gwthio   gwario   gwenu

Cliw:
chwilia am sgerbydau'r geiriau
i gael yr ateb cywir (… cyn troi
i'r dudalen atebion!).

Y GYNGHANEDD GROES

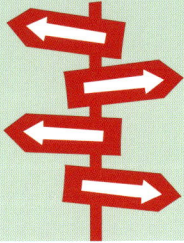

Rwyt ti wedi dod i ddeall am y gynghanedd draws nawr, ac rwyt ti'n barod i fentro ymhellach. Ond cyn i ni symud ymlaen mae'n well i ni wneud yn siŵr dy fod yn cofio popeth cyn belled.

CWIS Tybed elli di orffen y cwestiynau hyn mewn llai na phum munud?

Ras yn erbyn y cloc!

1. Beth yw enw'r rhannau bach sydd mewn geiriau?
2. Beth y'n ni'n galw'r pwyslais mewn gair?
3. A'r darn heb bwyslais?
4. Beth y'n ni'n galw gair sy'n gorffen gyda'r acen?
5. A gair sy'n gorffen heb yr acen?
6. Sawl prif fath o gynghanedd sydd?
7. Elli di eu henwi? Bydd angen sgrifen fach arnat ti.
8. Beth y'n ni'n galw'r man lle mae llinell o gynghanedd yn torri?
9. Wyt ti'n cofio beth yw'r patrymau posib mewn cynghanedd draws?
10. Pa air sy'n cynganeddu gyda 'taran'?
a) troi, b) teirw, c) trên.

Os cest ti fwy na saith marc, cei di symud ymlaen.
Os na, beth am fynd yn ôl i edrych eto?

Dyma enghreifftiau o'r **gynghanedd groes**. I weld patrwm y gynghanedd hon, mae angen:

1. Rhoi'r orffwysfa yn y llinell.

2. Dangos lle mae'r acen ar ddiwedd rhan un a diwedd rhan dau, a thynnu llun y 'sgerbydau'.

Beth am i ti eu darllen yn uchel?

Môr o jam yw Meri Jên

Môr o jám | yw Meri Jên
m r j / | m r j /

Yn y cysgod yn cysgu

Yn y cýsgŏd | yn cýsgu
n c / sgᵕ | n c / sgᵕ

Yn y dŵr awn i'w dorri

Yn y dŵr | awn i'w dórri
n d / r | n d / rᵕ

Nawr, wyt ti'n gallu gweld yr un gwahaniaeth bach pwysig rhwng y **gynghanedd draws** a'r **gynghanedd groes**? Edrycha'n ofalus ...
Tybed a wnest ti weld mai'r cwbl yw'r gynghanedd groes yw'r gynghanedd draws heb y bont?!

Felly, gyda'r gynghanedd groes, does dim cyfle i neidio dros unrhyw eiriau – rhaid i **BOB cytsain** chwarae'i rhan wrth greu'r gynghanedd. Dim mwy o sleifio dros bont! Wyt ti'n deall?

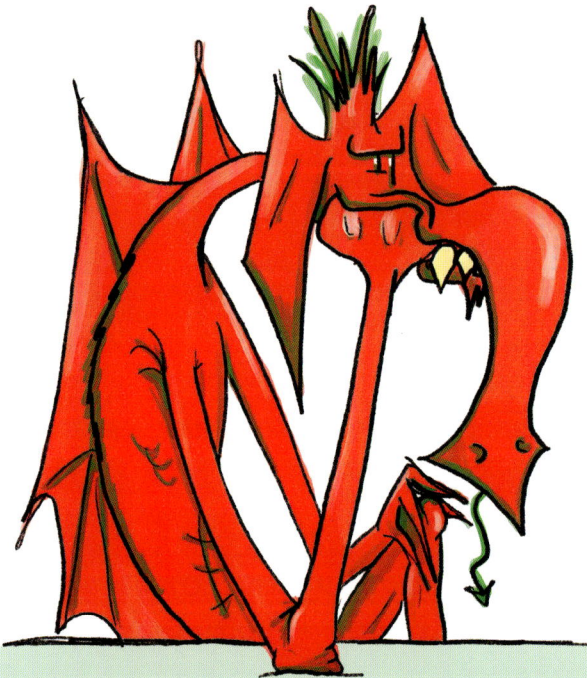

Yn deall yn iawn – mae'r bont wedi mynd! Felly, bydd rhaid bod yn ofalus iawn o hyn allan ...

Cywir!

Y GYNGHANEDD GROES – GÊM 1

Mae Beti'r Bardd wedi bod yn brysur yn ddiweddar yn casglu cynganeddion i'w sach. Roedd llinellau o gynghanedd groes ganddi, i gyd mewn un darn. Ond yn anffodus, dydy hi ddim wedi sylweddoli ei bod wedi gollwng diwedd y llinellau o'i sach.
Ceisia di fynd ati i roi'r pedair llinell o **gynghanedd groes** yn ôl at ei gilydd yn gywir.

1. *Rwy'n aros ...*   *a gaf un wên?*

2. *Wedi'r nos ...*   *yn llai o faint*

3. *Gofyn wyf ...*   *daw aur yn ôl*

4. *Un llaw fach ...*   *i'r un arall*

Y GYNGHANEDD GROES – GÊM 2

Mae Beni'r Bardd wedi cael hwyl arni yn llunio llinellau o **gynghanedd groes**. Yn anffodus, mae rhywbeth mawr yn bod ar ei argraffydd, a daeth y llinellau o'r peiriant gyda'r geiriau i gyd mewn trefn hollol anghywir. Elli di helpu Beni'r Bardd i'w rhoi yn ôl at ei gilydd?

1. mor wennol unig y mae'r

   Y

2. gwynt y gwair sy' sŵn yn y

   Sŵn

3. Llyn llawen wyf y fi'n Fan

   Llawen

4. gerddi hyd o haf gwyrdd yw

   Gwyrdd

Y GYNGHANEDD GROES – GÊM 3

Mae'r hen gyfrifiadur wedi bod yn chwarae'i driciau unwaith eto. Y tro hwn, mae'r llinellau yn anghywir, oherwydd bod un gair wedi mynd o'r llinell, ac wedi crwydro i linell arall! Yr hyn sydd angen ei wneud yw symud UN gair o un llinell i linell arall.

1. y gân un a ganaf i

2. fach gusan yn agosach

Y GYNGHANEDD LUSG

Mae rhai pobl angharedig yn edrych i lawr ar y **gynghanedd lusg**, gan ddweud ei bod hi'n hen gynghanedd fach wan. Maen nhw'n hollol anghywir!!!

Mae'n wir nad oes ateb cytseiniaid mewn cynghanedd lusg na sgerbydau na phatrymau felly, ond O! mae sŵn y gynghanedd lusg yn fiwsig go iawn.

Dwed y llinellau hyn yn uchel a gwranda arnyn nhw'n canu!

Co ni'n mynd to ... y busnes siarad 'ma gyda fi fy hunan .. gobeithio nad oes neb yn gwrando ...

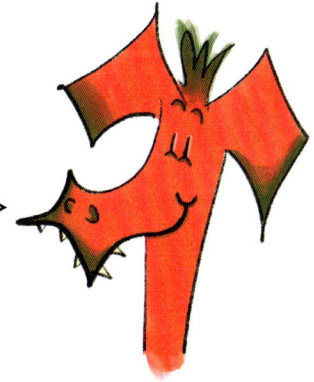

1. Iâr fach wen sydd gan Menna

2. Y brawd hynaf yw Dafydd

3. Yn yr ardd gwelais harddwch

Da iawn! Nawr edrycha arnyn nhw. Edrycha'n hir a gofalus. Wyt ti'n gweld patrwm?

Dwi'n edrych – ac yn gweld dim ...

Unrhyw lwc?

yyy ddim wir ...

Beth am wrando 'te? Gwranda ar y llinellau'n astud iawn.
Cliw bach i ti. Rho orffwysfa ym mhob llinell.

1. Iâr fach w**en** | sydd gan M**enn**a

2. Y brawd hyn**af** | yw D**af**ydd

3. Yn yr **ardd** | gwelais h**ardd**wch

Nawr, gwranda'n ofalus ar y sillaf sy'n dod yn union **CYN yr orffwysfa**.

A gwranda yr un mor ofalus ar y **sillaf olaf ond un**
yn y llinell gyfan.

Beth wyt ti'n ei glywed?

Mae'n odli!

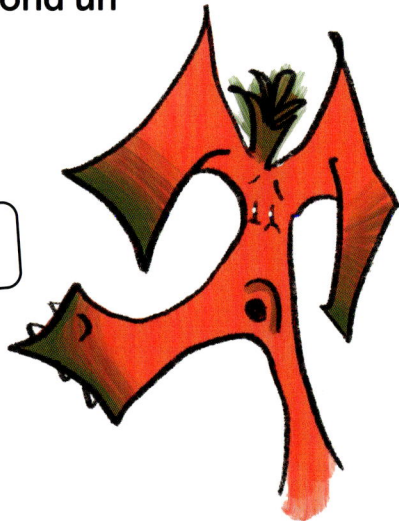

Gwych! Felly, beth sy'n rhaid
ei wneud er mwyn creu
cynghanedd lusg?

> Sicrhau bod
> y sillaf olaf cyn yr orffwysfa
> yn odli gyda'r
> sillaf olaf ond un
> yn y llinell gyfan

Wyt ti'n gallu cofio beth yw'r gair
am y 'sillaf olaf ond un'?

> Y goben!

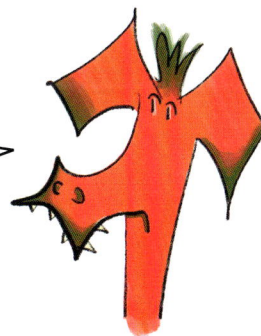

Gwych! Ac un peth arall, er mwyn iddi fod yn gynghanedd lusg
gywir, mae'n rhaid i'r acen ddod ar y goben.

Felly, beth am fynd yn ôl i ddosbarth Miss Goben i chwarae mwy
o gemau!

CYNGHANEDD LUSG – GÊM 1

Mae Miss Goben wedi drysu'n lân. Dyw hi ddim yn gallu cofio enwau pethau nac enwau disgyblion. Dim ond cofio geiriau sy'n odli gyda nhw.

Pan mae hi'n dweud 'tap' – falle'i bod hi'n meddwl 'map'.

A phan mae hi'n dweud 'tân' – falle'i bod hi'n meddwl 'Sian'.

Fedri di ei helpu hi i ddechrau ei stori'n synhwyrol? Mae wedi gwneud 8 camgymeriad. Druan fach â Miss Goben!

1. Aeth Jac am dro i'r siarc.

2. Gwelodd fan hufen ffa a dau fabi mewn ham.

3. 'Cawr â fi!' gwaeddodd yn siapus.

4. Roedd wrth ei rodd yn y pop.

5. Cafodd amser haf iawn.

CYNGHANEDD LUSG – GÊM 2

Pa eiriau o'r deg isod fyddai'n iawn i'w rhoi fel **gair olaf** mewn llinell o **gynghanedd lusg**?

Cofia: mewn cynghanedd lusg, mae'n rhaid i'r acen fod ar y goben (y sillaf olaf ond un), yn y rhan o'r llinell ar ôl yr orffwysfa.

cofio   dwylo

Arwel   heno

heddiw   mynd

Caerdydd   carreg

Cymraeg   troi

CYNGHANEDD LUSG – GÊM 3

Mae Beni'r Bardd ar dân eisiau myn ati i greu llinellau o **gynghanedd lusg**, ond mae wedi anghofio pa ddarn o'r gair sydd angen ei odli.

Dydy'r gytsain ar y dechrau ddim yn bwysig, ond mae'r gytsain **yn y canol** yn bwysig, a'r llafariad neu'r llafariaid sy'n dod **o'i blaen** – e.e. yn y gair 'cofio', mae angen odli gyda'r 'of':

Rhan ohon<u>of</u> sy'n c<u>of</u>io

Beth am i ti helpu Beni'r Bardd i ddod o hyd i'r rhannau yn y geiriau hyn sydd angen eu hodli? Mae'r cyntaf wedi ei wneud.

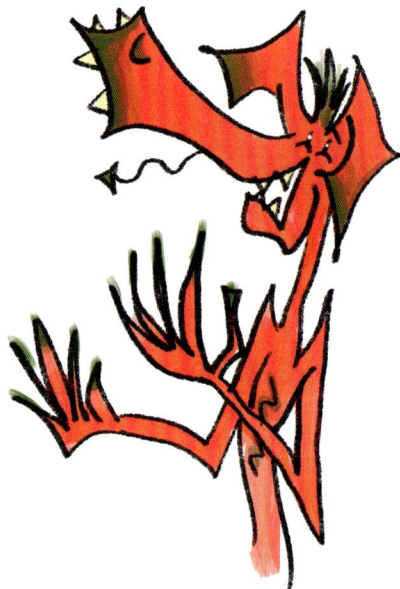

<u>Ar</u>wel   heno

heddiw   carreg

dwylo

CYNGHANEDD LUSG – GÊM 4

Mae dechrau a diwedd y llinellau wedi cymysgu unwaith eto, druan o Miss Goben. Beth am iti ddarganfod beth yw'r parau cywir?

1. Y mae'r gorwel   a. yn gwneud lluniau

2. Mae Carol   b. yn felyn

3. Mae dafad   c. bron a thorri

4. Mae'r angor   ch. ym Mhorthmadog

5. Dim ond un   d. eto'n holi

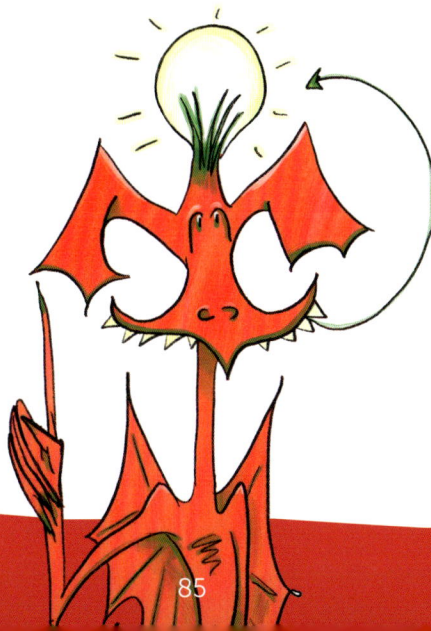

Y GYNGHANEDD SAIN

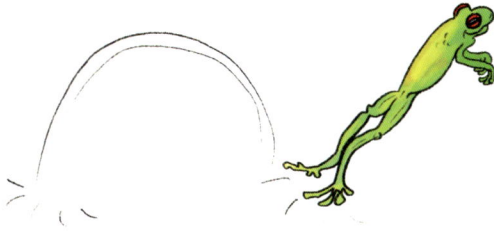

Mae'n amser dweud llinellau'n uchel eto ...

Diolch am y rhybudd ... dwi'n mynd i gau'r drws!

... a ti'n gwybod y drefn – dweud y llinell ac yna gwrando'n astud ...

... wedyn, trio gweld beth sy'n gwneud **cynghanedd sain**!

1. *Fy afon yw hon o hyd*

2. *Mae'r dŵr, rwy'n siŵr, yn siarad*

3. *Mae'r glaw fan draw heddiw'n drist*

4. *Adar cynnar sy'n canu*

Wyt ti'n clywed y geiriau sy'n odli?

Ydw!

Pa rai?

afon a hon, dŵr a siŵr, glaw a draw, adar a cynnar.

Wyt ti'n clywed ateb cytseiniaid?

Ydw!

Ym mhle?

hon a hyd, siŵr a siarad, draw a drist, cynnar a canu.

Felly, beth yw cynhwysion **cynghanedd sain**?

> Mae'n rhaid cael **dau air sy'n odli** ac mae'n rhaid **ateb cytseiniaid**.

Campus! Felly, fyddi di ddim yn synnu pan ddweda' i wrthyt ein bod ni'n arfer rhannu llinell o gynghanedd sain yn dair rhan:

1. *Fy afon | yw hon | o hyd*
2. *Mae'r dŵr, | rwy'n siŵr, | yn siarad*
3. *Mae'r glaw | fan draw | heddiw'n drist*
4. *Adar | cynnar | sy'n canu*

Felly, mae **dwy** orffwysfa mewn cynghanedd sain – ac maen nhw'n dod ar ôl y geiriau sy'n odli BOB TRO!

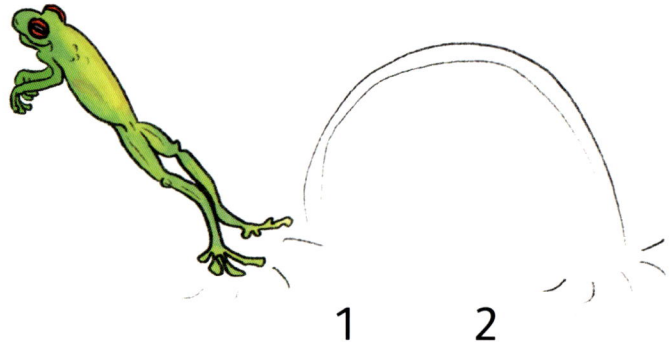

1   2

Beth am ddangos lle mae'r odl a dangos y sgerbydau?

O na! Dim y sgerbwd 'na'to!

1. Fy af*on* | yw h*on* | o hyd
           h ╱   h ╱

2. Mae'r d*ŵr* | rwy'n *siŵr*, | yn *siarad*
                 s ╱ r   s ╱ r ∪

3. Mae'r gl*aw* | fan dr*aw* | heddiw'n d*rist*
                dr ╱   dr ╱

4. Ad*ar* | cynn*ar* | sy'n canu
        c ╱ n ∪   c ╱ n ∪

I grynhoi: mewn cynghanedd sain mae diwedd rhan 1 a rhan 2 yn odli, a diwedd rhan 2 a rhan 3 yn cyfateb cytseiniaid.

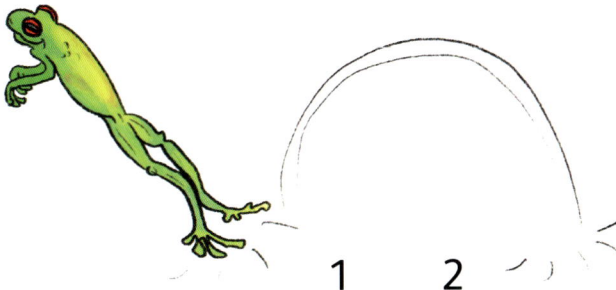

Nawr, wyt ti'n barod i chwarae?

1   2

CYNGHANEDD SAIN – GÊM 1

Mae **dechrau'r llinellau** wedi mynd ar goll, ac mae Beti'r Bardd wedi dod o hyd i lond sach ohonyn nhw. Ceisia di fynd ati i'w rhoi ar ddechrau'r llinell gywir.

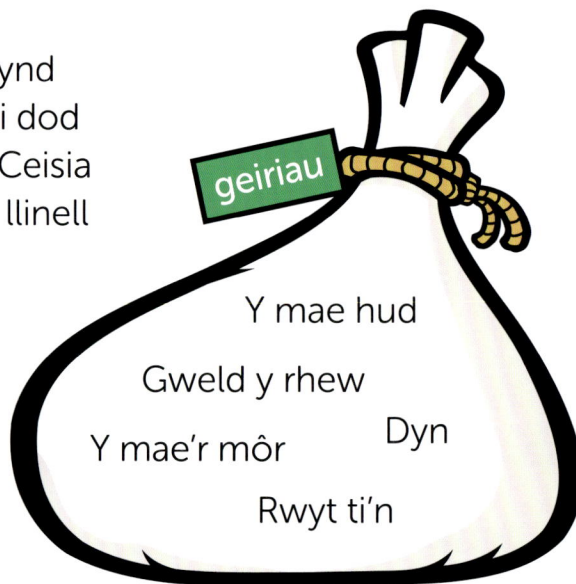

geiriau

Y mae hud

Gweld y rhew

Y mae'r môr

Dyn

Rwyt ti'n

	yn gôr i gyd
	yn gofyn i'w gyfaill
	yn dew ar do
	gweiddi'n gyhoeddus
	y byd mor bell

CYNGHANEDD SAIN – GÊM 2

Y tro hwn, **canol y llinell** sydd ar goll. Fedri di ddod o hyd i'r geiriau coll?

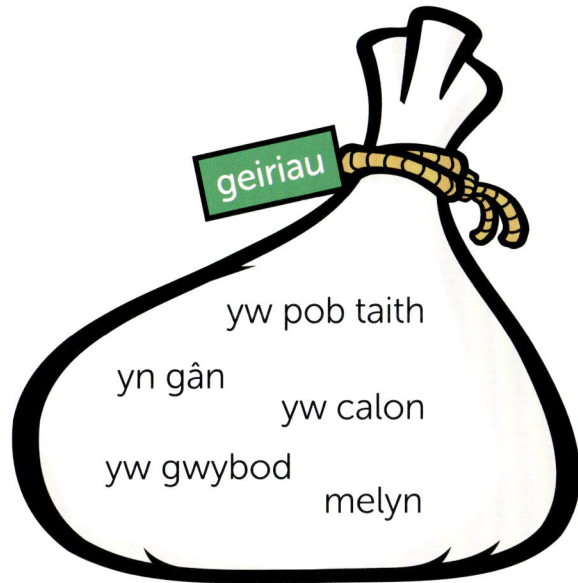

geiriau

yw pob taith

yn gân

yw calon

yw gwybod

melyn

Blodyn		*am eiliad*
Mor faith		*i'r tŷ*
Fy nod		*y gwir*
Nid llon		*celwydd*
Adar mân		*i gyd*

Cyn ein bod ni'n gorffen, mae yna un patrwm newydd sydd angen i ti ei ddysgu, sef patrwm sy'n digwydd mewn **cynghanedd sain** yn unig. A'r newyddion da yw ei fod e'n batrwm hawdd iawn!

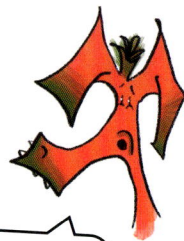

Mmmm – gobeithio wir!

Gwranda ac edrycha ar y llinellau isod. Maen nhw i gyd yn gywir – ond tybed a fedri di weld patrwm newydd?

Fe fydd Dafydd eto'n dod

Mae Beti mewn lori las

Clywais ond ni ddwedais ddim

Neidio a dawnsio drwy'r dydd

Rho'r ddwy **orffwysfa** (ar ôl y ddau air sy'n odli); **tanlinella'r odl** a dangos lle mae'r **cytseiniaid** sy'n cyfateb ei gilydd.

Fel hyn:

Fe f<u>ydd</u> | Daf<u>ydd</u> | eto'n dod

d / f ∪   d /

Mae Bet<u>i</u> | mewn lor<u>i</u> | las

l / r ∪ l /

Clyw<u>ais</u> | ond ni ddwed<u>ais</u> | ddim

dd / d ∪ dd /

Neid<u>io</u> | a dawns<u>io</u> | drwy'r dydd

d / ns ∪   d /

Mae rhywbeth o'i le! Does dim byd yn ateb 'f' yn Dafydd na'r 'r' yn lori na 'd' yn ddwedais na 'ns' yn dawnsio! Ydych chi'n siŵr bod y llinellau hyn i gyd yn gywir?!

Ond mae rhywbeth ar goll?

Yn berffaith gywir!

Yn hollol. Mewn cynghanedd sain, pan mae gen ti'r patrwm yma

/ ∪   /

diacen   acennog

sef, gair diacen yn ateb gair acennog ar ddiwedd rhan 2 a rhan 3, does dim angen ateb y gytsain sydd ar ôl yr acen yn rhan 2 ... dim ond ateb y gytsain sy'n dod yn syth o flaen yr acen, er enghraifft, 'dawnsio drwy'r dydd'.

CYNGHANEDD SAIN – GÊM 3

Diwedd y llinellau sydd ar goll
y tro hwn!

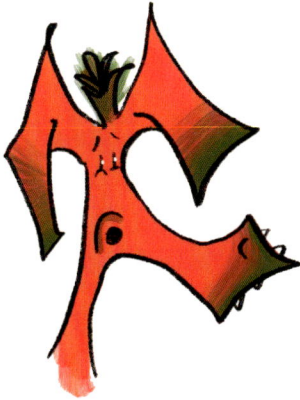

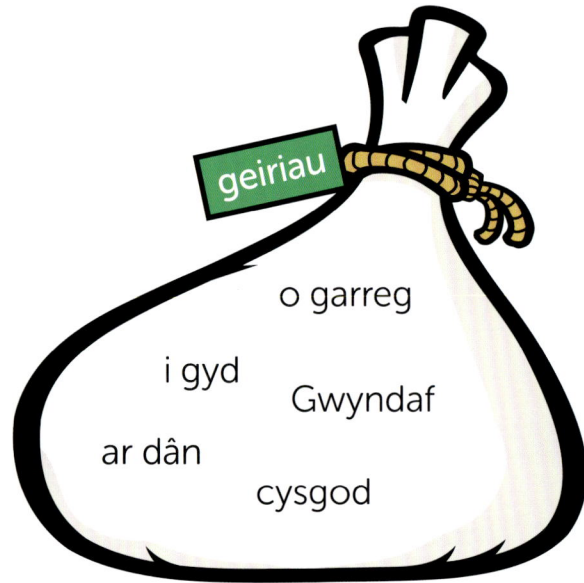

geiriau

o garreg

i gyd

Gwyndaf

ar dân

cysgod

Mae'r gwres yn gynnes

Gwêl y gorwel

Bob dydd mae Dafydd

Drwy'r tŷ, cysgu wna'r

Un rhy gyndyn yw

CYNGHANEDD SAIN – GÊM 4

Pa air sy'n mynd yn y canol yn y llinellau hyn?

Yr wyt ti [   ] yn dal

(Dafydd/Dewi/Dylan)

Y nant wen [   ] ei llif

(llafar/tawel/llawen)

Mae Ned i'w [   ] yn glir

(glywed/weled/ganfod)

Mae'r sêr yn [   ] eu dawns

(ysgafn/dyner/fywiog)

Roedd pob dydd fel [   ] mawr

(morthwyl/gelltydd/mynydd)

A dyna ni, wedi dod i ddiwedd y llyfr. Campus yn wir! Gobeithio dy fod wedi dwlu ar gynganeddu. Paid â phoeni os na chest ti bob ateb yn gywir. Mae'r cynganeddion yma'n gofyn am amynedd mawr. Rhyw ddiwrnod, efallai y cawn ni gwrdd eto mewn llyfr fydd yn siarad am gerddi yn lle llinellau, ac yn sôn am englynion a chywyddau a phethau felly. Ond tan hynny – mwynha'r cyfansoddi!

Nawr, cer di ati dy hun!

ATEBION

ATEBION

CYNGHANEDD – Gêm 1: Atebion

a) A roddai feirch i eirchiaid (6G) – Taliesin

b) Hi hen, eleni ganed (9G) – Anhysbys (Canu Llywarch Hen)

c) Tarian yn aerwan, yn eurwaith (1G) – Cynddelw Brydydd Mawr

ch) Gwell yw ystafell os tyf (14G) – Dafydd ap Gwilym

d) Ymbil â'i fam am bêl fach (15G) – Lewis Glyn Cothi

dd) Y llwybrau gynt lle bu'r gân (18G) – Evan Evans

e) Rhyw lond trai o olion traed (21G) – Ceri Wyn Jones

YR ACEN – Gêm 1: Atebion

1. Gareth
2. Geraint
3. Mari
4. Delyth
5. Angharad
6. Steffan
7. Rhiannon
8. Llewelyn
9. Catrin
10. Siwan
11. Siân
12. Ann
13. Rhodri
14. Dafydd
15. Hanna
16. Elin
17. Siôn
18. Nel
19. Ifan
20. Manon
21. Sioned
22. Miriam
23. Rhys
24. Mihangel
25. _____

YR ACEN – Gêm 2: Atebion

1 sillaf	2 sillaf	3 sillaf	4 sillaf
Plwmp	Caerdydd	Trefynwy	Abertawe
Porth	Bangor	Treorci	Aberteifi
	Hwlffordd	Pwllderi	Aberystwyth
		Caernarfon	Abergele
		Bryneglwys	

YR ACEN – Gêm 3: Atebion

1 sillaf	2 sillaf	3 sillaf	4 sillaf
tap	naddwr	pren mesur	cyfrifiadur
map	ffeiliau	pensiliau	cyfrifiannell
glud	tegan		
cloch	larwm		
lamp	papur		
bwrdd	llenni		
silff	poster		
	cadair		
	llyfrau		

YR ACEN – Gêm 4 (geiriau acennog/diacen): Atebion

Sach 1, acennog: car, wy, tai, moch, nos, Cymraeg, glanhau, lleihau, osgoi, erioed.

Sach 2, dicaen: mochyn, syrcas, moron, cerddi, bachgen, ffrindiau, deilen, anghofio, eistedd, aelwyd.

YR ACEN – Gêm 5: Atebion

cár, ẃy, nós, lleiháu, erioéd, taí, móch, osgói, Cymráeg, glanháu, móchўn, eistědd, sýrcăs, mórŏn, cérddĭ, báchgĕn, deílĕn, anghófiŏ, ffríndiău, aélwўd

CYTSEINIAID – Gêm 1: Atebion

Cer i edrych yn y Geiriadur i weld os ydyn nhw'n gywir!

CYTSEINIAID – Gêm 2: Atebion

cath, clustog, cadeiriau, camel, ci, camera, caws, cadw-mi-gei, ci, cardiau, cloc, cwpan, cwstard.

Mae 12 peth ar ôl yn y garafán. A gest ti nhw'n iawn?

CYTSEINIAID – Gêm 3: Atebion

mwgwd, miwsig, mochyn, mwclis, menyn, mop, mêl, menig, moron, mat.

CYTSEINIAID – Gêm 4: Atebion

Mymryn o hwyl yw hyn!

LLAFARIAID – Gêm 1: Atebion

1	mam	3	anghenfil
5	anghredadwy	2	brawd
8	deuoliaethau	4	chwiorydd
7	gwirioneddau	6	anobeithiol

LLAFARIAID – Gêm 2: Atebion

Beth mae'r iâr yn ei ddodwy? **wy**

Beth yw'r gwrthwyneb i 'na'?

Beth sy'n dilyn Mercher? **Iau**

Beth yw'r gair arall am 'rhew'? **iâ**

Beth y'ch chi'n ei ddweud pan y'ch chi wedi cael dolur? **aw**

LLAFARIAID – Gêm 3: Atebion

Rhaid i ti chwilio yn y geiriadur i gael atebion i'r ymarfer hwn!

ATEB CYTSEINIAID – Gêm 1: Atebion

Meurig: m ∕ r ᵕ   coron: c ∕ r ᵕ   deilen: d ∕ l ᵕ

Mari: m ∕ r ᵕ   Ceri: c ∕ r ᵕ   doli: d ∕ l ᵕ

morwyn: m ∕ r ᵕ   cariad: c ∕ r ᵕ   dwlu: d ∕ l ᵕ

moroedd: m ∕ r ᵕ   cwrw: c ∕ r ᵕ   delwedd: d ∕ l ᵕ

mieri: m ∕ r ᵕ   Carys: c ∕ r ᵕ   dyled: d ∕ l ᵕ

ATEB CYTSEINIAID – Gêm 2: Atebion

Dyma'r gair anghywir ym mhob set:

mwrdwr: er bod 'mwrdwr' yn cynnwys 'm' a 'd' mae'r llythyren 'r' yn dod yn syth o flaen y 'd'.

delfryd: er bod 'delfryd' yn cynnwys 'd' ac 'l' mae'r llythrennau 'fr' yn dod yn syth ar ôl 'l'.

goleudy: er bod 'goleudy' yn cynnwys 'g' ac 'l' mae'r acen yn dod mewn lle gwahanol.

A dyma pam:

Sgerbwd 'mwrdwr' yw: m ∕ r d ᵕ   nid m ∕ d ᵕ

Sgerbwd 'delfryd' yw: d ∕ l f r ᵕ   nid d ∕ l ᵕ

Sgerbwd 'goleudy' yw: g l ∕ d ᵕ   nid g ∕ l ᵕ

ATEB CYTSEINIAID – Gêm 3: Atebion

Nid oes 2 sillaf yn yr un ohonynt. Yn gêm 2 roedd 2 sillaf ym mhob gair. Yn y gêm hon mae naill ai 3 neu 1 sillaf ym mhob gair.

Ond mae gan BOB UN ohonynt yr un sgerbwd o amgylch yr acen. Dyma eu sgerbydau:

cymwynas: m ∕ n ᵕ   amynedd: m ∕ n ᵕ

dymuniad: m ∕ n ᵕ   maen: m ∕ n

ymennydd: m ∕ n ᵕ   man: m ∕ n

ATEB CYTSEINIAID – Gêm 4: Atebion

Set 1: malwen, malu: m ∕ n ᵕ

Set 2: newyddion, mynyddoedd: n ∕ dd ᵕ

Set 3: sbon, Sbaeneg: b ∕ n ᵕ

ATEB CYTSEINIAID – Gêm 5: Atebion

Set 1 – cadno, cydnaws

Set 2 – defnydd, dafnau

Set 3 – cordiau, cerdyn

Pam? Oherwydd y sgerbwd!

Set 1

Sgerbwd 'candi' yw: c ∕ nd ᵕ

OND sgerbwd 'cadno' a 'cydnaws' yw: c ∕ dn ᵕ

Set 2

Sgerbwd 'danfon' yw: d ∕ nf ᵕ

OND sgerbwd 'defnydd' a 'dafnau' yw: d ∕ fn ᵕ

Set 3

Sgerbwd 'cadarn' yw: c ∕ d ᵕ

OND sgerbwd 'cordiau' a 'cerdyn' yw: c ∕ rd ᵕ

Gosodiad A sy'n gywir! (nid yw'r 'r' yn 'cadarn' ynghlwm wrth y 'd').

ATEB CYTSEINIAID – Gêm 6: yr Ateb

Er nad oes cytsain rhwng yr acen a'r diacen, mae patrwm, neu sgerbwd, y geiriau ym mhob pâr yn dal yn union yr un peth, oherwydd mae UNRHYW lafariad yn ateb UNRHYW lafariad arall.

Rhaid i gytsain ateb yr **union** un gytsain – ond gall **unrhyw** lafariad ateb **unrhyw** lafariad ...

Felly, mae'r parau o eiriau ar dudalen 54 i gyd yn cynganeddu!

h.y. mae 'cawell' a 'caeau' yn cynganeddu gan fod y patrwn yr un peth, mae 'awe' yn ateb 'aeau' am mai **llafariaid** yw'r llythrennau i gyd.

GORFFWYSFA – Gêm 1: Atebion

1. Awyr las | ar gwr y lôn
2. Un llais | uwchben y lleisiau
3. Ar y môr | mae gŵr Mari
4. Y llwybrau hoff | lle bu'r haf
5. Gyrru ar daith | i Gaerdydd
6. Yn y môr | y mae hiraeth
7. Ar wahân | i'r rhai hynny
8. Nid wyf | yn mynd i ofyn

CYNGHANEDD DRAWS – Gêm 1: Atebion

1. **Manon** yw modryb Meinir
2. **Rhianedd** o'r Ariannin
3. Gadael wnaeth pob **llygoden**

CYNGHANEDD DRAWS – Gêm 2: Atebion

1. d: Rhydian | yw'r un caredig
2. e: Dafydd | sy'n hoffi deifio
3. a: Menna | yn llawn amynedd
4. b: Dwynwen | yn canu'n dyner
5. c: Gerwyn | sy'n trin y geiriau
6. ch: Bethan | a ddaw i bwytho
7. dd: Cynan | yn colli ceiniog

CYNGHANEDD DRAWS – Gêm 3: Atebion

1. Yn y tŷ | mae Gwen a **Twm**
2. Ni wêl y byd | ffrind fel **Bob**
3. Un a'i lais | mor fwyn yw **Len**
4. Y tŷ coch | a beintiai **Cen**
5. Mae'i gar | rhy gyflym i **Gwyn**

CYNGHANEDD DRAWS – Gêm 4: Atebion

1.	dŵr	_dwyrain_	deilen	digon
2.	glaw	gleision	_gloywi_	Glenys
3.	gwyn	gwthio	gwario	_gwenu_

Y GYNGHANEDD GROES – Cwis: Atebion

Atebion:

1. Sillaf / sillafau
2. Yr acen
3. Y diacen
4. Gair acennog
5. Gair diacen
6. 4
7. Y draws, y groes, y lusg a'r sain.
8. Gorffwysfa
9. Acennog | acennog: ╱ | ╱
   Diacen | diacen: ╱ ˘ | ╱ ˘
   Acennog | diacen: ╱ | ╱ ˘
10. Teirw

Y GYNGHANEDD GROES – Gêm 1: Atebion

1. Rwy'n aros ... i'r un arall
2. Wedi'r nos ... daw aur yn ôl
3. Gofyn wyf ... a gaf un wên?
4. Un llaw fach ... yn llai o faint

Y GYNGHANEDD GROES – Gêm 2: Atebion

1. Y mae'r wennol mor unig
2. Sŵn y gwynt sy' yn y gwair
3. Llawen wyf i'n Llyn y Fan
4. Gwyrdd o hyd yw gerddi haf

Y GYNGHANEDD GROES – Gêm 3: Atebion

1. Y gân **fach** a ganaf i
2. **Un** gusan yn agosach

CYNGHANEDD LUSG – Gêm 1: Atebion

1. Aeth Jac am dro i'r **parc**
2. Gwelodd fan hufen **iâ** a dau fabi mewn **pram**
3. 'Lawr â fi!' gwaeddodd yn **hapus**
4. Roedd wrth ei **fodd** yn y **siop**
5. Cafodd amser **braf** iawn

CYNGHANEDD LUSG – Gêm 2: Atebion

cofio, Arwel, heddiw, dwylo, heno, carreg.

CYNGHANEDD LUSG – Gêm 3: Atebion

Arwel   H**en**o   H**edd**iw
C**ar**reg   D**wyl**o

CYNGHANEDD LUSG – Gêm 4: Atebion

1. b: Y mae'r gorwel ... yn felyn
2. d: Mae Carol ... eto'n holi
3. ch: Mae dafad ... ym Mhorthmadog
4. c: Mae'r angor ... bron a thorri
5. a: Dim ond un ... yn gwneud lluniau

Y GYNGHANEDD SAIN – Gêm 1: Atebion

1. **Y mae'r môr** yn gôr i gyd
2. **Dyn** yn gofyn i'w gyfaill
3. **Gweld y rhew** yn dew ar do
4. **Rwyt ti'n** gweiddi'n gyhoeddus
5. **Y mae hud** y byd mor bell

Y GYNGHANEDD SAIN – Gêm 2: Atebion

1. Blodyn **melyn** am eiliad
2. Mor faith **yw pob taith** i'r tŷ
3. Fy nod **yw gwybod** y gwir
4. Nid llon **yw calon** celwydd
5. Adar mân **yn gân** i gyd

Y GYNGHANEDD SAIN – Gêm 3: Atebion

1. Mae'r gwres yn gynnes **i gyd**
2. Gwêl y gorwel **o garreg**
3. Bob dydd mae Dafydd **ar dân**
4. Drwy'r tŷ, cysgu wna'r **cysgod**
5. Un rhy gyndyn yw **Gwyndaf**

Y GYNGHANEDD SAIN – Gêm 4: Atebion

1. Yr wyt ti   **Dewi**   yn dal
2. Y nant wen   **llawen**   ei llif
3. Mae Ned i'w   **glywed**   yn glir
4. Mae'r sêr yn   **dyner**   eu dawns
5. Roedd pob dydd fel **mynydd**   mawr

NODIADAU

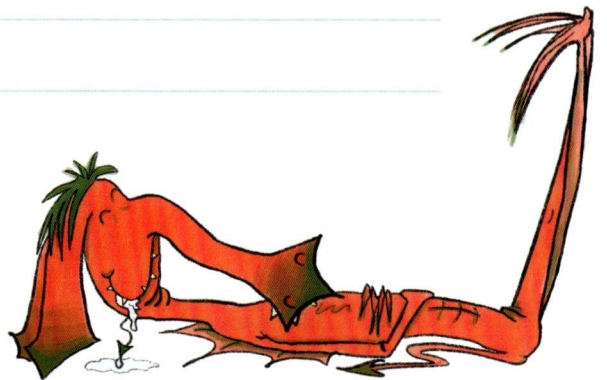